인성리더십

인성리더십

초판 1쇄 인쇄 2016년 03월 10일
초판 1쇄 발행 2016년 03월 15일

지 은 이 정병태 김정석
펴 낸 이 박제언
펴 낸 곳 한덤북스
신고번호 제 2009-6 호
주　　소 서울시 구로구 구로3동 1126-14, 201호
전　　화 010-5347-3390
e-mail jbt6921@hanmail.net
판권소유 한덤북스

이 책은 저작권법에 의해 보호를 받는 저작물이므로 무단전제 및 복제를 금합니다.
잘못 만들어진 책은 구입하신 서점에서 바꾸어 드립니다.

ISBN 979-11-85156-06-4 03320
값 14,500원

**인간다운 성품과
역량을 기르는**

> 유니크한
> **76가지**
> 인성 만들기

THE 인성 리더십

정병태
김정석

Personality Leadership

한덤북스

인성(人性)

사람이 태어나 어린이와 학생이라는 과정을 거쳐 자신의 생각과 행동의 기준이 되는 일가견을 갖춘 어른으로 완성된 상태이다.

"현대 사회에서 가장 중요한 가치로 회자되는 단어 중 하나를 꼽으라면 '인성'이 빠질 수 없다." 한 최고 경영자의 하소연이다.

"기업을 경영하면서 가장 큰 어려움은 뭐니 뭐니 해도 인성을 갖춘 직원을 뽑는 것이다."

■■■ 추천사

(주)효성마케팅 김영보 회장
서울커뮤니케이션교육대학원 품성교육 교수
대한민국 대표 지식나눔 100人 학습클럽 운영위원

사랑하는 열정人 정병태 교수님의 사람이 사람답게 살아가는, 반듯한 인재를 위한 최초 '인성 리더십'의 책 출간하게 됨을 진심으로 축하드립니다.

'스펙보다 인성이 먼저다!'
'호랑이는 죽어서 가죽을 남기고, 사람은 죽어서 이름을 남긴다.'
'세 살 버릇이 여든까지 간다'
'인성의 깊이가 개인과 조직의 성패를 좌우한다!'

좋은 습관은 성공하는 자의 노예이며, 실패한 자의 주인이다. 뜻 있는 어른들이 가정교육의 중요성을 강조하는 이유는 어릴 적 좋은 습관이 평생을 좌우한다는 것을 꿰뚫고 있기 때문이다.

인간은 어른(性) 임을 안다(知)고 하여 지성인(知性人)으로 불린다. 지성인이란 화살이 과녁을 향해 날아가는 것을 아는 것처럼 자신의 생활과 사회현상이 나아가야 할 방향을 아는 지혜를 갖춘 사람을 의미한다.

조직에서 상사들이 사람을 선택할 때 가장 중요시하는 기준은 예의범절을 갖추었느냐는 것이다. 여기서 '예의'란 사회생활을 위해 기본적으로 갖춰야 할 정신체계를 의미하며, '범절'이란 예의를 겉으로 표현하는 행동체계를 말한다. '예절'이란 '예의범절'의 준말로서, 예절을 갖추었다는 것은 인간의 도리를 알고 조직이나 사회 구성원으로서 기본적인 자격을 갖추었다는 의미이다. 예의범절을 갖추는 것은 인성 구축의 기본이다.

이 책은 학생뿐만 아니라 오늘날 리더라면 반드시 갖춰야 할 덕목이다. 이 책의 가르침은 비즈니스는 물론이고 개인 생활에도 적용가능하다.
모두의 필독서로 강력 추천한다.

"리더로서, 그리고 한 사람의 인간으로서 성숙하고 싶다면 이 책을 읽고 그 내용을 일터에서 실천하라!"
리더라면 이 책을 놓쳐서는 안 된다.

항공보안학부장 김정석 교수
(아세아항공직업전문학교)

　삶다운 삶, 사람다운 삶은 아무나 누릴 수 있는 삶이 아니라 사람다운 사람만이 누릴 수 있는 삶이요, 사람다운 사람은 저절로 되는 것이 아니다. 그러기에 인간은 교육을 필요로 하는 존재이다. 인성을 함양하는 교육은 인성교육뿐이다.
　좋은 성품 없이 좋은 인간이 될 수 없고, 좋은 성품은 좋은 교육 없이 이루어질 수 없는 것이다. 따라서 좋은 교육이 한 사람의 인성을 좌우하는 것이라 할 수 있는데 좋은 교육은 좋은 책에서 비롯된다고 할 수 있다.
　훌륭한 인성을 품고 살아가기 위해 노력하는 모든 이들에게 이 책을 읽는 것은 매우 특별한 경험이 될 것이다.

국제호텔관광학부장 유재홍 교수
(아세아항공직업전문학교)

  2015년에는 인성교육진흥법이 공포 될 만큼 현대사회에서 인성교육의 중요성은 커져가고 있다. 이 법에서 명시된 인성교육은 "자신의 내면을 바르고 건전가게 가꾸며 타인, 공동체, 자연과 더불어 사는데 필요한 인간다운 성품과 역량을 기르는 것을 목적으로 하는 교육"으로 정의하고 있다.
  리더로서, 그리고 한 사람의 인간으로서 성숙하고 싶은 사람이 이 책에서 말하는 내용들을 학교와 일터에서 하나씩 실천 해 나간다면 많은 도움이 될 것이다.
  이 책에서는 리더들의 인성과 교양을 가르치는 기초적인 품성 교재로서 인성이 왜 우선시되어야 하는지를 보여준다. 인격적인 리더십을 갖추는 데 있어 최고의 교과서라고 볼 수 있다. 이 책을 통하여 학생들이 우수한 인성을 갖춘 리더로서 거듭나기를 기원한다.

■■■ 차 례

추천사

prologue

1장 '다름' 철학

1 가치혁명의 대가(大家) ··· 22
2 나는 남들과 무엇이 다른가? ································ 25
3 성공의 비밀? ·· 27
4 성공으로 가는 길 ·· 32
5 당신에게 꼭 하고 싶은 말? ·································· 36
6 주전자 정신 ··· 39
7 미래의 직업 ··· 42
   : 10년 후 미래에는 어떤 직업이 뜰까? ················· 42
8 ICT 기반으로 성장동력 창출 ······························· 47
9 미국 방송사 CNN이 선정한 열 가지 ···················· 51
10 도전과 모험의 위대함 ·· 54
11 다르게 보는 힘 ··· 59
12 불광불급(不狂不及) ··· 61
13 공짜는 없다. ··· 66
14 생각하는 존재 _ 인간 ·· 70
15 THE 인성 ··· 74
16 매너의 매력 ·· 80

2장 인성 리더십의 가치

1 내재된 가치 ·· 86
2 혁명의 아이콘 ··· 92
3 미래사회의 특이점 ······································ 97
4 백만장자의 비결 ·· 102
5 최고의 성공자원 ·· 110
6 리더의 핵심역량(core competency) ············· 114
7 리더십의 가치 ·· 118
8 가치 비전 리더십 ······································· 120
9 섬김 리더십의 특징 ··································· 127
10 두 걸음 전진을 위한 한 걸음 후퇴 ·········· 133
11 자기완성을 위한 7가지 성공습관 ············· 137
12 휴먼Human 인성 ······································ 142
13 리더의 동기부여(motivation) 리더십 ········ 146
14 성공 피라미드(the Pyramid of Success) ···· 153
15 독창적인 사고방식 _ 역경을 딛고 ············ 157
16 리더십 자질 평가서 ································· 165
17 리더십의 역량 진단하기 ·························· 168
18 인간적 리더 ··· 172
19 성실한 리더 ··· 176
20 신뢰의 힘 ··· 180
21 통전성(integrity) 리더십 ·························· 187

22 성공 인격 덕목 점검하기 ·· 191
23 남과 다르게 ··· 199
24 NQ지수(Network Quotient) ······································ 204

3장 인성 리더십 키우는 방법

나의 잠재적 능력을 개발하라! ·· 212
1 [하면 된다]는 플러스(+) 사고 ·· 217
2 말할 내용을 미리 생각하고 검토하라. ···························· 219
3 긍정의 구호 "파이팅!" ·· 221
4 멋지게 자기 소개하기 ·· 226
5 먼저, 생각을 바꾸어라! ·· 233
6 경청하라 ··· 236
7 특별한 말솜씨 ··· 238
8 매일-주-월-년 계획을 세우라! ·· 240
9 변화를 위한 자기 점검하기 ··· 245
10 자기 계발 프로젝트 체크 ··· 251
11 거대한 꿈을 품으라! ·· 253
12 말을 맛있게 하라! ··· 256
13 메모광이 되라 ··· 258
14 상대를 칭찬과 격려하라 ·· 263
15 독서광이 되라 ··· 268

16 볼 때마다 인사하라 - 꾸벅! ……………………………… 273
17 나의 목표와 슬로건을 글로 써라 ……………………… 277
18 좋은 인상을 선물하라 …………………………………… 282
19 명함(카드)을 활용하라! ………………………………… 285
20 유머를 사용하라 ………………………………………… 288
21 먼저, 말할 내용을 기록하라! …………………………… 290
22 말은 태도와 표정이 중요하다 …………………………… 292
23 볼펜 물고 연습하라! ……………………………………… 295
24 절대 부정적인 말을 하지 않는다! ……………………… 299
25 자기암시 명령을 활용하라! ……………………………… 301
26 창조적인 사랑을 나누어라! ……………………………… 304
27 기초 언어개발 훈련하기 ………………………………… 306
28 작은 인연도 소중히 생각하라! ………………………… 309
29 뒷정리를 잘하는 습관화 ………………………………… 311
30 e문화는 대화의 창구 …………………………………… 313
31 발성훈련하기 ……………………………………………… 315
32 음성훈련하기 ……………………………………………… 323
33 스스로 서약서 작성하기 ………………………………… 328
34 성공 인성 리더십 프로젝트를 마치고… ……………… 330
35 성공하려면, 사람들을 만나고 그들과 지속적으로 관계하라 … 332
36 나의 대화 발표 말 능력 진단 테스트 ………………… 338

부록 "I am different" ……………………………………… 342

■ ■ ■ prologue

'Best One'이 아닌 'Special One'이 되어야 한다.
〈스물일곱 이건희처럼〉라는 책에 보면 삼성그룹의 이건희 회장이 전한 글귀가 나의 마음을 깊게 파고들었던 한 구절이 있어 소개한다.
「취직해서 행복해하던 친구는 현재 실업자 신세이고, 회사에서 배우는 게 많다던 친구는 소규모 자영업자로 변신해서 세상을 배우고 있고, 재테크 공부를 열심히 하던 친구는 투자한 돈이 3분의 1토막 난 지 오래이고, 승진해서 한 턱 쐈던 친구는 회사 내에서 어떤 정치적 실권도 갖지 못한 자신의 앞날을 예견하고 이직을 준비 중이다.」

사람을 채용하려고 면접 심사에 나가서 자주 하는 질문이다.
"정말 남들이 당신한테 동의하지 않는 것은 무엇입니까?"
쉬운 질문일 것 같지만, 실제로는 아주 답하기 어려운 질문이다.

'사람이 곧 기업의 미래다'라는 격언은 무한경쟁에 돌입한 기업들이 한결같이 붙잡고 있는 화두이다. 과거 서류전형과 면접으로 대변되는 천편일률적인 채용은 사라졌다. CJ그룹은 멘토링을 접목한 채용으로 취업준비생을 상대로 쌍방향 소통을 구현한 밀착형 멘토링을 도입해 인재를 선별하고 있다. 효성은 서류전형에서 영어점수, 연령 등에 대한 지원제한을 없애고 채용과정에서 실력과 인성을 중점 평가하는 열린 채용을 실천하고 있다. SK그룹 역시 올해부터 스펙 없는 열린 채용 대열에 합류했다. GS칼텍스는 한국사 시험을 도입해 국가 정체성과 역사적 사고력을 지닌 인재를 발탁하고 있다. 포스코는 전공 외 과목을 두루 이수해 기본역량을 다양하게 갖춘 인재를 우대한다. 삼성그룹은 '삼성 MBA(경영학 석사)'를 통해 핵심인재를 키우고 있다.

미래의 사회가 갈급히 찾고 있는 새로운 인재상은 누굴까?
옛 속담에 보면 "인사에 최선을 다하고 하늘의 뜻을 기다린다"라는 말이 있다. 아마도 스펙보다 인성이 좋은 사람을 의미하는 것일 것이다. 그저 열심히 스펙을 쌓는 것만으로는 목표를 이루거나 성공할 수 없다. 나만의 차별화된 개성을 찾아 계발하면 일류대학을 나온 것 못지않은 가치를 인정받는 시대이다. 확신하건데, 자신만의 인성적 강점을 만들어내면 누구나 인생 역전할 수 있다.
전국경제인연합회 조사 자료에 의하면, 기업들이 신입 직원 교육시 가장 중요시하는 사항은 인성과 태도를 가장 많은 비중을 두고 교육한다는 것이다. 즉 직장과 사회에서 업무관련 지식이나 기술 등의 다른 항목보다 인성교육을 더 필요로 한다는 것이다. 한마디로 인간관계 능력을 갖추지 않고 직장과 사회에 진출한다는 의미이다. 따라서 직장과 학교 그리고 사회는 바른 인성 교육이 가장 중요시 해야 한다.

'인성리더십'이란 인간다운 성품과 역량을 기르는 것을 목적으로 하는 것이다. 사람마다 선천적으로 부여받은 본성을 잘 가꾸고 다듬어서 더 건강한 사람다움을 갖추어 사람답게 살아가는 힘이다. 즉 인성리더십의 핵심 가치인 행복, 인사, 예, 효, 정직, 성실, 책임, 존중, 배려, 소통, 용기, 협동, 발표 등이 자연스럽게 수용하는 것이다.

논어(論語)의 기본은 '인, 의, 예, 지, 신(仁義禮智信)'으로, 그 중에서 인(仁)과 예(禮)가 큰 덕목으로 자리한다. 인(仁)은 자신처럼 다른 사람을 아끼고 사랑하며 배려하는 것이다. 이는 현대인에게 꼭 필요한 자질이 아닐까 한다. 또 예(禮)란 인간이 지켜야 할 규범이며 도리인 것이다. 따라서 인성과 예절은 인간이 세상을 살아가면서 학문과 지식적인 면보다 더 요구되는 인격의 바탕을 좌우하는 밑거름이 된다고 볼 수 있다.

21세기 전 세계는 여전히 경제 침체와 불확실성으로 여기저기서 어려움으로 신음하고 있다. 그럼에도 우리는 꿈을 포기할 수 없다. 1인당 소득 2만 7천 달러의 시대를 뛰어넘어 곧 3만 달러의 시대를 준비하고 도약하기 위해서는 필히 멈추지 않는 인성 혁신(革新)은 지속되어야 한다. 인성은 인간만이 갖고 있는 독특한 성품으로서 인간문화의 질을 좌우하는 기본 밑바탕이 되는 체질이다.

이런 시대에 살아남기 위해서는 우선 인간의 기본을 더 충실히 해야 한다. 어떤 기본이냐면? **사람의 됨됨이, 즉 인격적 자질이다.** 위대한 거목, 거부, 거상이 되기 위해서는 확고한 꿈을 품고 열심히 기술을 연마하고 부단히 학습과 훈련을 해야 한다. 남들보다 못한 조건에서 출발했지만 학벌보다 인성 리더십이 더 중요하다는 것을 알아야 한다.

특히 우리 사회의 학교와 교육기관은 인성적 바탕에서 각자의 경쟁력을 갖추고 행동하는 인재들을 많이 배출해야 한다. 그리고 회사는 창의적인 조직을 만들어내야 한다. **나의 사명은 대한민국 미래를 이끌 역군을 키워내는 것이다.** 그리고 글로벌 시장의 혁신적인 리더들을 양성함에 있다.

사람들 각자의 개성과 잠재력을 충분히 발휘하여 새로운 기회 요인을 적시에 활용할 수 있는 실용적인 리더십을 키우고자 한다. 남과 다르게 역(逆)의 법칙을 가르쳐 과감한 도전과 실패 속에서 내적 외적 단단한 근육질의 사람으로 키우는 것이다. 그래서 각 분야에서 21세기 사회가 공감하고 필요로 하는 인재를 양성하여 건강한 세상을 만드는 것이다.

그렇다보니, 기존의 인성수업과는 전혀 다른 방법으로 학습하고 코칭을 한다. 참여했던 학생들 모두 인식의 틀이 바뀌었고 터닝 포인트가 되었다. 지금은 더 높이 날수 있는 두 날개를 달고 원래 계획보다 더 높은 창공을 향해 날고 있다.

지금부터는 변화의 시대를 이끌어갈 새로운 인성과 전문성을 갖춘 인재를 만들어 내야 한다. 그 현장 맨 앞에서 큰 소리로 외쳐보자.

"나를 따르라!"

인성교육의 중요성

21세기 정보화 사회, 약육강식의 글로벌 치열한 경쟁력 시대는 새로운 가치관과 사회적 문화로 말미암아 전통적인 예의범절과 가치는 상실되었다. 그래서 어른을 공경하고 인사하며 효를 실천한다는 것이 큰 차이가 있다. 특히 돈이면 모든 것을 해결할 수 있다는 물질 만능주의, 핵가족화, 도시화 등으로 인한 공동체 의식, 윤리의식, 도덕성 상실 등이 점점 심해지고 있다.

이러한 복잡한 사회와 물질의 풍요로 정신은 더욱 황폐화되고 있다. 그래서인지 하루가 멀다하듯이 비도덕적이며 비윤리적인 사건들이 잇따르고 있다. 살인, 방화, 자살, 범죄, 우울감, 강간, 따돌림, 비행사건 등 각 분야에서 크게 성장된다는 통계이다.

초중고 시절의 입시 위주의 주입식 교육에 따른 성품적 문제를 야기 시키어 쉽게 상실감, 좌절감 또는 열등의식을 갖고 있다. 또한 자녀수의 감소에 따른 과잉보호로 자율성 및 자신감의 부족 등으로 소극적인 태도를 갖고 있다. 이러한 교육환경이 대학과 사회에서의 부적응 문제를 초래하고 있다. 따라서 고등학교 이후의 학교와 직장, 사회적 기관에서는 우선적으로 인성교육을 강조해야 한다.

인성교육은 인간교육이다

인성교육의 목적은 인간다운 인간 육성에 있음을 밝힌다.

인간이 되기 위해서는 지식과 기술뿐만 아니라 직장과 사회적 관계를 원만하게 할 수 있는 인격과 인품을 갖추어야 한다. 더불어 인간다운 삶을 영위하는데 필요한 지식, 기능, 태도, 가치를 획득할 수 있도록 도와주는 것이다. 그리고 지·정·의(知情意) 모든 영역에서 조화롭고 통합된 가치관을 정립하여 자신을 존중하고 타인을 배려할 줄 알며, 자신의 발전과 공동체의 일원으로서 바람직한 인격을 형성하여 인간다운 인간을 길러내는 데 인성교육의 목적이 있다.

이 지침서에 집중하면 성공할 수 있다.

정 병 태 박사

1장

'다름' 철학

나는 남들과 다르다

1 가치혁명의 대가(大家)

진짜 성공은
자신이 지금 하는 일을 즐기는 것이다.

나는 '다름'[1]의 가치에 주목하고 년 300회 이상 CEO, 직장인, 대학생, 특히 리더들에게 강의를 하고 있는 가치혁명가다. 특히 CEO 500여 명과 소통하고 있다. 기업과 개인의 가치를 높이기 위해 '다름'에 가치를 두고 '나는 남들과 무엇이 다른가?'라는 화두를 탐구하는 교수이다.

오늘도 나는 사람들의 가치를 일깨우는 혁명을 일으키기 위해 글을 쓰며 강의를 꾸준히 준비하고 있다. 스펙을 갖추기 위해 노력하는 것이 아니라 남들과 다른 가치를 갖추기 위해 노력해야 한다.

스펙불안증후군. 즉 스펙만을 보고 뽑는 시대가 아니다. 자신을 차별화된 브랜드로 만들어나가야만 성공하는 시대다.

모든 분야의 경쟁에서 이기기 위해서는 자신의 영역을 지키려면 자신만의 특별한 것을 찾아야 한다. 필히 경쟁력을 갖추어야 한다.

---
1) '다름'이란 남들과 확연히 다르고 나만의 특별한 것이다.

이 책은 당신이 이미 갖추고 있는 남과 다른 가치를 찾도록 돕는 지침서이다. 분명 남들과 다른 차별화된 나만의 무엇을 찾는 데 돕겠다.

스스로 파괴하지 않으면 파괴당한다.

차별화(다양성)

위 그림에서 혼자 다른 곳으로 간다고 해서 틀린 것이 아니다. 나와 다름은 틀림이 아니다. 현대 프랑스 철학의 사고에서 다름은 틀림이 아니다. 그냥 나와 다름일뿐이다. 그렇게 차이를 인정한다. 노자가 말한 바와 같이 세상 만물은 음양의 조화를 통해 수많은 차이를 가지고 있는데, 그것을 인정하지 못하면 광폭해지며, 그것은 곧 죽임이다. 한마디로 생명력은 다양성에서 나온다.

현대 사회를 포스트모더니즘 시대라고 말한다. 이는 다양성을 인정하는 시대를 의미한다. 차이가 차별이 되지 않는 시대이다. 그것은 상대의 차이를 인정하는 것이다.

집단의 틀에서 벗어난 개인은 자신의 생각과 행동을 집단에 맞추도록 법과 제도를 통해 억압받는다. 프랑스의 철학자 루소는 이렇게 자연적 인간을 사라지게 만드는 제도 기관에서부터 악이 발생함을 주장하였다.

루소는 "자유는 원하는 걸 하는 데 있는 게 아니라 원하지 않는 것을 하지 않는 데에 있다."고 말했다.

집단의 기준에 자신을 맞춘 채 '다름'을 '틀림'으로만 치부해버린 것이다.

집단과 개인, 개인과 개인이 서로 다른 타인에게 베푸는 존중. '다름'을 인정하는 자세. 그것이 바로 우리가 도달해야 할 공동체의 진정한 본질이자 우리가 찾던 정답이 아닐까.

2 나는 남들과 무엇이 다른가?

'다름'과 '틀림'

다음의 물음에 대답해보라.
'나만의 것?'
아무나 쉽게 선뜻 대답할 수 없다.
그러나 '다름'의 가치를 찾은 사람은 이렇게 대답할 수 있다.
쉽게 5가지 이상의 항목을 서슴없이 적는다.

⟨ Good ---⟩ Great ---⟩ Different ⟩
1
2
3
4
5

기업과 개인의 브랜드 전략은 바로 차별화이다.
더 나은 내가 되려고 노력하고 연마하는 것이 아니라 남들과 달라야 함에 가치를 둔다. 오늘도 저와 함께 자신만의 것을 찾고자 스스로를 단련시키는 혁신가로 바꾸어보자. '나는 남들과 무

엇이 다른가?' 뭔가가 확연히 달라야 한다.

다름과 틀림은 명백하다.

'다르다' Different 와 '틀리다' Wrong 은 완전히 다른 의미를 가진 단어로, 절대 혼용되는 일이 없다. 나와 당신이 다르고 나의 세상과 당신의 세상이 다르기 때문이다. 그렇다고 내가 혹은 당신이 상대방을 틀렸다고 얘기 할 수는 없다. 서로 다른 사람이 갖고 있는 서로 다른 세상의 서로 다른 잣대. 그것을 인정하는 순간, 이 '다름'이 결코 '틀림'은 아니라고 얘기 할 수 있다.

달라서 오히려 매력이 있고, 달라서 오히려 아름답다.

당신은 다름과 틀림의 차이를 어떻게 생각하는가?

---

3 성공의 비밀?

아래의 출발에서 시작하여 성공하기까지 이어져 내려가 보라. 탁월한 선택을 했으면 온전한 몰입을 해야 한다.

실천력

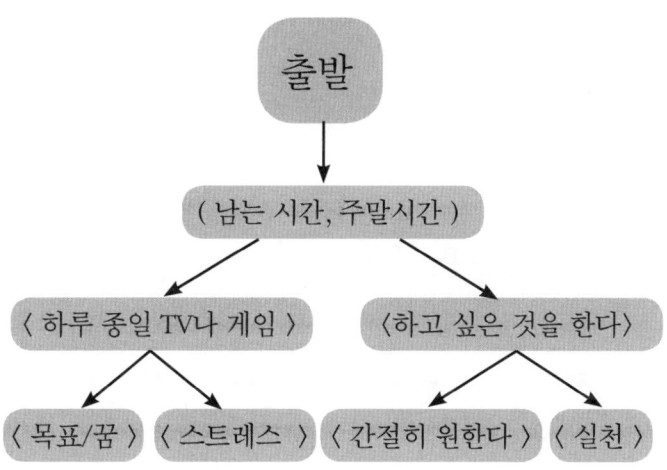

1	2	3	4
자신이 무엇을 원하는지 명확하게 알지 못한다.	나의 장점과 꿈을 발견하였다. 구체적인 계획을 세워 살아간다.	난관에 부딪쳐 자포자기 한다.	부정적인 생각을 갖고 있어 작은 것조차 실천하지 않는다.

세계 최고의 부자
빌게이츠의 성공의 비밀 _ 78가지

1. 주어진 삶에 적응하라
2. 인생은 공평하지 않다는 것을 명심하라
3. 피할 수 없는 현실이라면 수용하라
4. 적응한 자만이 살아 남는다
5. 적극적인 마음자세를 소유하라
6. 자신의 단점에 도전하라
7. 실망스러운 결과가 발생했을 때 빨리 극복하라
8. 인생이 항상 원만할 것이라는 환상을 버려라
9. 인격이 성공의 밑천임을 기억하라
10. 성공은 절대 운명의 장난이 아니다
11. 성공은 자아실현의 욕구가 성취될 때이다
12. 성공은 삶과 인격과 위상을 바꿔준다
13. 성공은 타인의 지지를 구하지 않는다
14. 성공은 쉽게 만족하지 않고 계속 전진할 때 온다
15. 성공은 자만심을 버릴 때 이루어 진다
16. 대가 없이 얻고자 하지 말라
17. 성공은 저절로 찾아오지 않는다
18. 성공은 적극적인 노력의 산물이다

19. 실행하면서 꿈을 실현하라
20. 나태는 성공의 적이다
21. 자신의 창의성을 적시에 사용하라
22. 머뭇거리지 말고 목표를 향해 달려가라
23. 미루지 말라
24. 지금 바로 행동하라
25. 목표를 세분하고 순차적으로 도전하라
26. 마지막까지 굳세게 해내라
27. 자신을 통제하는 습관을 가지라
28. 남의 지적을 수용하라
29. 자신에게 엄격한 사람이 되라
30. 훈련을 통해 좋은 습관을 만들라
31. 나쁜 습관을 과감히 버려라
32. 작은 일도 소홀히 여기지 말라
33. 평범한 것이 큰 일을 이룬다
34. 작은 일부터 시작하라
35. 작은 것에서 승부를 낼 줄 알라
36. 큰 일이든 작은 일이든 시종일관 충실하라
37. 실패에서 교훈을 배우라
38. 실수를 교훈으로 삼아라
39. 잘못했을 때는 과감히 인정하라

40. 잘못으로부터 뭔가를 배우라
41. 가장 중요한 것은 문제를 해결하는 것이다
42. 모든 일을 스스로 해결하라
43. 남을 의지하는 생활방식을 버리라
44. 목발을 버리라
45. 감정의 독립을 실현하라
46. 자신의 힘으로 전진하라
47. 기회란 그리 많지 않음을 명심하라
48. 좋은 기회는 위대한 재산이다
49. 좋은 기회는 때때로 한 번뿐일 수 있다
50. 기회는 바로 옆에 있다
51. 기회를 포착하는 것이 지혜다
52. 기회가 없으면 만들면 된다
53. 시간을 장악하라
54. 시간을 금처럼 아껴라
55. 시간 도둑을 경계하라
56. 시간보다 앞서 달려라
57. 80/20 법칙을 활용하라
58. 절대 오늘 일을 내일로 미루지 말라
59. 시간 낭비는 생애 최대의 실수다
60. 휴일에도 시간을 잘 활용하라

61. 시간 관리를 위해 계획을 수립하라
62. 오늘을 놓치지 말라
63. 3분간 열심히 휴식하라
64. 반드시 해야 할 일은 하라
65. 자신의 삶에 가치를 부여하라
66. 현실을 외면하지 말라
67. 향락을 쫓는 마음을 넘어서라
68. 공부는 우리 삶의 우선적 요소다
69. 무미건조한 삶에서 벗어나라
70. 일을 바꾸면서 휴식하라
71. 주변의 모든 사람을 선하게 대하라
72. 타인을 선대하는 것은 곧 자신을 선대하는 것이다
73. 너그럽지 못한 것은 곧 여유가 없음을 말한다
74. 비판 대신 칭찬을 하라
75. 능동적으로 상대에게 적응하라
76. 상처를 주지도 받지도 말라
77. 관용을 배우라
78. 다른 사람을 곤경에 빠뜨리지 말라

4 성공으로 가는 길

미래의 성공은 철저히 준비하는 자의 것이다. 노력하고 준비하는 자는 성공한다는 공통된 특징이 있다. 그들은 남들과 다른 길을 걷고 있었다. 그리고 생각이 달랐다. 영국의 국무총리였던 윈스턴 처칠은 "비관론자는 매번 기회가 찾아와도 고난을 본다. 그러나 낙관론자는 매번 고난이 찾아와도 기회를 본다"라고 말했다. 우리는 고난에 대해 긍정적인 태도를 가져야 한다.

미국의 어느 도시 해변에서 있었던 이야기이다. 생선 가게에서 죽은 생선을 갖다 놓으니까 사람들이 잘 사지를 않았다. 그래서 방법을 생각하다가 물탱크에다 바닷물을 잔뜩 넣고 살아 있는 생선을 그 속에 넣어서 싣고 왔지만 생선들이 기운을 다 잃고 죽어 버리는 것이다.

그러나 한 점포에서는 언제나 펄떡 펄떡 살아 있는 신선한 생선을 판다. 사람들이 그 생선 가게에서만 생선을 구매하려고 한다. 주위 상인들이 그 비법을 궁금해 했다. 그는 산지에서 생선을 사서 큰 물탱크에 집어넣고 싣고 올 때에 그냥 생선만 넣는 것이 아니라 메기 몇 마리를 넣으면, 메기가 끊임없이 다른 생선을 잡아먹으려고 하니까 거기에 안 잡혀 먹으려고 정신을 바짝 차리고 이리 피하고 저리 피하다 보니까 도착할 때까지 생선이 살아 있다는 것이다.

   살기 위해 고난을 당하는 것은 매우 정상적인 것이다.

   지금의 시련과 어려움은 내가 살아있다는 것이다.

이미지 출처 : 구글

   위 이미지에서 성공으로 가는 길은 쉽게 가는 것인가 아니면 고난의 숲과 늪을 지나가야 하는 길인가? 지금 나는 어느 길을 걷고 있는가?

늘 깨어 있으라!

1930년대 초 미국의 한 보험회사의 관리감독자였던 하인리히는 각종 사고들을 분석하다가 '1대 29대 300'의 법칙을 발견했다. 한 번의 대형사고가 발생했다면 이미 그 전에 유사한 29번의 경미한 사고가 있게 마련이고, 그 주변에 또 다시 300번 이상의 징후가 나타난 바 있다는 내용으로, 현재는 '하인리히 법칙'이라고 불린다.

일본 도쿄 대학교의 하타무라 요타로 교수 또한 "한 번의 대실패, 대형사고, 멸망으로 이르는 길은 300번의 징후를 담고 있다."라고 말한 바 있다. 하지만 대부분의 사람들이 그 징후를 읽지 못한다. 작은 징후들이 쌓여서 거대한 조직이나 프로젝트를 한 순간에 무너뜨릴 수 있다고는 생각하지 못하기 때문이다.

로마 제국도 이 법칙에서 예외가 아니었다. 로마가 하루아침에 세워지지 않았듯이 로마의 멸망도 수많은 징후의 누적 속에서 진행되었다. 그렇다면 우리는 로마 제국의 쇠망사에서 어떤 교훈을 찾을 수 있을까?

5 당신에게 꼭 하고 싶은 말?

모든 것에는 역(逆)이 존재한다.

윷놀이에는 백(back)도를 가지고 벌이는 역전극이다. 백(back)도는 윷 하나에 표시를 남기고, 그 윷만 넘어가면 앞으로 가는 것이 아니라 역방향으로 말을 놓는 것이다. 오로지 전지만 하는 순방향 경쟁에서 선택해서 결정적 경쟁우위를 잡는 경우다. 즉 남들과 다른 길을 성실하고 우직하게 가는 것이다.

순간순간 逆(역)으로
시작하라

逆 : 거스를 역, 반대, 거꾸로, 다르게

'콘트래리언(Contrarian)'[2]의 의미를 적어보라. 남과 다른 생각으로 반대되는 나만의 태도나 행동을 취한 사례가 있으면 아래에 적고 나누어보자.

---

2) '콘트래리언'은 '남들의 의지와는 반대 방향으로 도전하는 사람'이란 뜻이다. 즉 반대를 보는 관점(Contrarian view)이다. 남과 다르게 생각하고, 모두가 yes라고 소리칠 때, no라고 외친다. 때론 전진보다는 후진하는 방법으로 성공의 해법을 찾는다.

거창고등학교 직업선택의 10계명

  다음은 대한민국 고등학교에서 역(逆)사고를 가르치는 학교가 있어 소개한다. 경상남도 거창군 거창읍 거창고등학교는 조금 특별한 데가 있는 것 같다. 이 학교에서 매년 졸업생들에게 주는 직업 선택의 십계명을 소개한다. 좀 특이하다는 것이, 틀린 얘기라는 것이 아니라 맞는 얘기를 하면서도, 대부분의 사람들이 반대로 직업을 선택하려 하기 때문이 아닐까?

1. 월급이 적은 쪽을 택해라.
2. 내가 원하는 곳이 아니라 나를 필요로 하는 곳을 택하라.
3. 승진 기회가 거의 없는 곳을 택하라.
4. 모든 것이 갖추어진 곳을 피하고 처음부터 시작해야 하는 황무지를 택하라.
5. 앞다투어 모여드는 곳에는 절대로 가지 말고 아무도 가지 않는 곳으로 가라.
6. 장래성이 전혀 없다고 생각되는 곳으로 가라.

7. 사회적 존경 같은 것을 바라볼 수 없는 곳으로 가라.

8. 한가운데가 아니라 가장자리로 가라.

9. 부모나 아내나 약혼자가 결사반대를 하는 곳이면 틀림없으니 의심하지 말고 가라.

10. 왕관이 아니라 단두대가 기다리고 있는 곳으로 가라.

직업선택 10계명의 중요성

글귀가 중요한 것이 아니라 그 속에 든 정신이다.
모험정신으로 돌돌 무장하면 된다.

지금의 시련은 성공으로 출발점

"젊어서 고생은 사서도 한다", "비온 뒤에 땅이 굳는다"라는 말이 있다.

인류학자 토인비는 "인류 역사의 발전은 죽을지도 모른다는 위기에서 시작되었다"라고 말했다.

6 주전자 정신

　참 리더(leader)란 주인공 의식을 가지고 주도적인 삶을 살며 주류를 이루고 전문적인 분야에서 실력을 키우고 자신감을 갖고 당당하게 살아가는 사람의 정신을 말한다. 즉 '주인의식' '주인공 정신'이다. 주인과 머슴은 일을 대하는 마음가짐부터가 다르고, 눈빛이 다르고, 자세와 태도가 다르다. 당연히 성과도 달라질 수밖에 없다. 어떤 일을 맡았든 내 인생에 있어서 내가 주인인데도 머슴처럼, 후보 선수처럼 자기가 맡은 일을 심부름하듯 일하는 사람들은 절대로 전문가가 될 수 없다.

이미지출처[3]

---

3) http://dimg.donga.com/wps/SPORTS/IMAGE/2009/12/11/24739557.1.jpg

성공의 주전자 정신

주 : 주인의식
'**주**'는 〈주인정신〉을 갖자는 것이다. 옛말에 "주인이 직접 짓는 논에는 벼만 보이고, 머슴이 짓는 논에는 피만 보인다"라는 말이 있다. 주인의식과 머슴의식의 차이를 풍자한 말이다.

전 : 전문성
'**전**'은 〈전문성〉을 높여야 한다는 것이다. 운동선수가 금메달을 땄다고 다음 경기 때까지 놀고 있다면 승리는 이미 포기한 것이나 다름없다.

자 : 자존감
'**자**'는 〈자존감〉을 높이라는 것이다. 자신을 있는 그대로 인정하고 가장 귀하게 여기라는 것이다. 자존감이 낮은 사람은 열등감이 많아서 자기비하 또는 자기 과신으로 얼룩진 인생을 살게 된다.

성공학 연구자인 나폴레옹 힐은 '자기 자신의 주인이 되지 못하는 사람은 절대 어떤 것의 주인도 될 수 없다'라고 말했다. 내 인생의 주인공은 나 자신임을 명확히 하고 오늘 내가 지구촌의

무대에서 주인공이자 주전선수임을 잊지 말자는 것이다.

나의 주전자 정신을 아래에 적어보자.

_____

_____

_____

_____

_____

_____

_____

_____

_____

_____

7 미래의 직업
: 10년 후 미래에는 어떤 직업이 뜰까?

미래사회는 더욱 더 세분화되고 전문화되어 생소하기만 한 직업이 생겨날 것이다. 이미 그러한 시대가 도래되었다. 한국고용정보원은 지구온난화, 유비쿼터스 시대, 세계화, 일과 삶의 균형, 고령인구 증가 등 우리나라 직업세계에 영향을 미칠 8대 메가트렌드를 분석한 후 이에 따른 10년 후 미래 유망 직업을 예측했다.

직업세계의 8대 메가트렌드로 '직업의 녹색화', '유비쿼터스', '첨단기술 발전', '세계화', '산업과 기술의 융합', '일과 삶의 균형', '삶의 질 향상', '고령인구 증가 및 다문화 사회'이다.

미래의 유망직업

개인여가 컨설턴트	빅데이터 분석 기술자
기업컨시어지	오감인식 기술자
보육교사	인공장기조직 개발자(바이오 프린팅)
커리어 컨설턴트	탈부착골격 증강키 연구원
전직지원 전문가	기억 대리인
복고체험 기획자	데이터 소거원

가상여행 기획자 호텔 컨시어지 PB(Private Banker) 개인교육문제 상담자 조부모-손주관계 전문가 노인상담 및 복지전문가 이혼전문 상담가	아바타 개발자 문화갈등 해결원 감성디자이너 노인말벗 도우미 외국학생유치 전문가 창조경제 코칭 전문가

21세기 트렌드 키워드

다음의 혁신적인 키워드가 필수인 시대에 살고 있다. 특이점과 마주하면서 더없이 중요한 것이 선택이다. 아래의 메가 트렌드 키워드를 알고 있다면 그 만큼 성공할 기회가 더 주어지는 것이다.

"가성비, 비욘드 스마트폰, 샤오미, G2, 인공지능, IoT, 웨어러블, 핀테크, 블록체인, 빅데이터, ICT, 드론, 바이오, 금리, 미국, 무크, P2P, 비즈니스 3.0, 전세, 금리, 달러, 비트코인 등등"

- **가성비** : 가격에 비해 성능이 매우 좋은 것. 작은 돈으로 만족감을 크게 느끼는 것이다.
- **IoT** : 사물 인터넷(Internet of Things, 약어로 IoT)은 각종 사물에 센서와 통신 기능을 내장하여 인터넷에 연결하는 기술을 의미한다.

- **핀테크(FinTech)** : 금융(Financial)과 정보기술(Technology)의 합성어로, 인터넷·모바일 공간에서 결제·송금·이체, 인터넷 전문 은행, 크라우드 펀딩(crowdfunding), 디지털 화폐 등 각종 금융 서비스를 제공하는 산업을 뜻한다.

아래의 키워드의 정의를 적어보라.
- **빅데이터** :
- **웨어러블** :
- **비트코인** :

미래 항공 산업

나는 미래 항공산업의 전망을 희망적으로 보고 있다. 민간항공산업, 항공운송업, 항공우주 산업, 드론산업, 항공제조업, 군항공분야, 중국 항공운송업, 항공정비 활성화 등으로 크게 성장할 것으로 본다.

적극 추천을 한다면 특히 항공 산업은 미래 산업 전망에서 가장 지속가능성이 있는 분야이다. 항공레저, 항공제작, 정비 등 기술 분야는 투자가 미흡하여 엔진정비, 정밀부품 수리 등 핵심 기술은 외국에 의존하고 있다. 항공 산업이 미래의 각광을 받을 분야로 부상하고 있는 가운데 하나이다. 항공 산업 생산을 2020년까지 200억 달러 이상으로 확대하고 일자리 7만개를 창출해 새로운 국가 전략산업으로 육성한다는 계획이다.

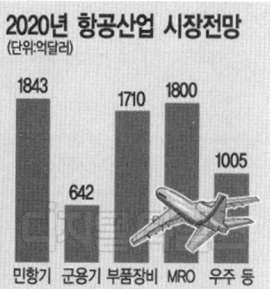

이미지 출처 : 구글

드론(Drone)

'드론'은 꿀벌, 개미 등 벌목과 곤충의 수컷을 칭하는 영어단어로서 동사로는 꿀벌이 내는 것 같은 웅웅거리는 소리를 내는 행위 또는 그런 웅웅거리는 소리를 연상하게 하는 지루하고 길게 늘어지는 이야기를 하는 행위를 가리킨다. 또 드론은 무인기를 지칭하는 단어이기도 하다. 앞으로 무인 드론 과정, 무인 로봇 등 최고의 미래 성장동력 분야이다.

이미지 출처[4]

현재 아마존에서 시작해서 구글도 이 드론을 택배업에 이용하고 있다. 물론 인터넷에서는 지나가는 무인기를 총으로 격추시켜서 택배를 가로채자는 드립이 나왔다.

---

[4] http://image.hankookilbo.com/i.aspx?Guid=a33defda6093431f9e0fbabd39b06669&Month=DirectUpload&size=640

다음 아래에 무인 시스템으로 새로운 창출을 만들어 내고 있는 대표적인 사례를 조사하여 적어보라.

사진을 첨부하여 붙여라.

무인 사진	특징

8 ICT 기반으로 성장동력 창출

유네스코가 선정한 세상을 바꿀 기술을 각 나라마다 발표하였다. 미국은 가장 경쟁력을 갖춘 기술을 보면 180개 보유, 일본 73개, 중국 53개, 그리고 한국은 17개였다. 한 사례로 한국카이스트의 입고만 있어도 온도 차이를 이용해 전력 생산하는 의류이다. 이를 웨어러블(wearable)이라고 한다. 웨어러블 디바이스(wearable device)로 불리는 착용 컴퓨터는 안경, 시계, 의복 등과 같이 착용할 수 있는 형태로 된 컴퓨터를 뜻한다. 궁극적으로는 사용자가 거부감 없이 신체의 일부처럼 항상 착용하고 사용할 수 있으며 인간의 능력을 보완하거나 배가시키는 것이 목표이다. 창조경제 활성화 전략으로서 폭발적으로 증가세를 보이고 있다.

다음으로 현재 우리나라가 세계시장 1위 기술이다. 미래의 성장동력으로 지속적인 창출을 기대된다.

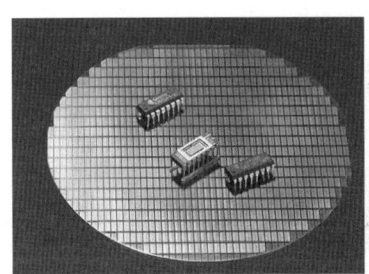
현재 세계시장 1위

현재 세계시장 1위

현재 세계시장 1위

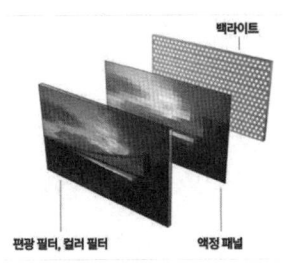
현재 세계시장 1위

    자동차, 조선, 금융, 의료, 농업 등 다양한 분야와 ICT(정보 통신 기술:Information & Communication Technology)를 융합하여 새로운 창출을 가능케 된다. 지능정보기술을 중심으로, 사물인터넷, 클라우드, 빅데이터, 정보보호 등을 신산업으로 미래 경쟁력의 창출할 수 있다.

    다음의 아래에 ICT 기반 창조경제를 통한 성장동력 창출 방안을 적고 나누어 보자.

인류의 삶을 바꿀 5가지 첨단기술

유엔미래보고서는 2045년에 인공지능이 인간지능을 넘어서는 특이점에 도달한다고 밝혔다. 미래 유망직종, 로봇 관련 분야와 인공지능 분야이다. 그래서 신 경제의 핵심 키워드는 '인터넷'과 '공유'이다.

Wearable Device / 인공지능 / 무인화(Unmanned)
3D 프린터 / 시뮬레이션

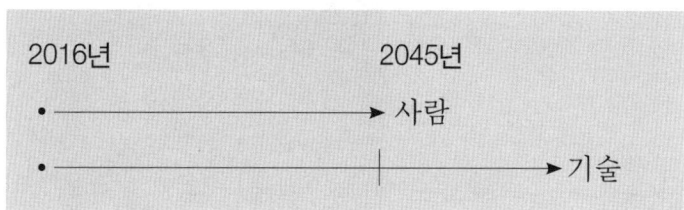

디지털 노마드(Digital Nomad)

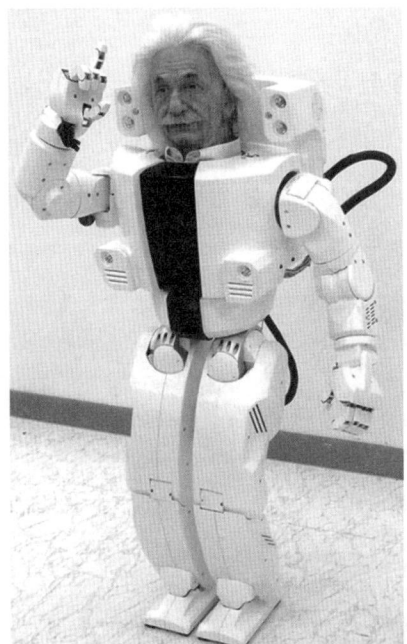

다음의 이미지는 무엇인가?

이미지 출처[5]

5) http://img.etnews.com/photonews/1508/712153_20150806154117_476_0002.jpg

9 미국 방송사 CNN이 선정한 열 가지

 한국은 세계에서 109번 째 해당하는 작은 나라지만, 우리나라가 '세계에서 이것만은 둘째가라면 서러운 것'은 무엇일까? 미국 CNN 방송이 '한국이 세계 어느 나라보다 잘하는 10가지'를 꼽았는데, 내용은 다음과 같다.
 첫손에 꼽은 것은 세계 최고의 인터넷 스마트 접속이다.

1. 신용 카드 보급률.
2. 발달된 과학 기술(통신문화).
3. 성형 수술.
4. 일에 대한 열정.
5. 맞선 문화.
6. 스타크래프트 게임(게임 개발).
7. 친절한 항공 서비스.
8. 회식 문화.
9. 여자 골프 선수.
10. 혁신적인 화장품.

행복의 비결

하버드대에서 학생 268명의 인생을 72년 동안 추적해 무엇이 사람을 행복하게 하는지 그 요소를 추렸다.

교육
안정적인 결혼 생활
금연
금주
적당한 몸무게
그리고 이것이었다.
고통에 적응하는 성숙한 자세.

신바람 나는 것

신바람이 날 정도로 좋아하는 일을 찾아야만 그 일을 즐겁게 잘해낼 수 있고, 그것이 곧 미래의 성공 직업이 된다. 누가 억지로 시켜서 투덜거리면서 하는 것이 아니라, 좋아하는 이성 친구를 생각할 때처럼 설레고 기분 좋은 느낌을 가질 수 있는 일을 찾는 것이 곧 하고 싶은 일, '흥미를 가진 일'이라고 할 수 있다.

사회는 그렇게 호락호락한 곳이 아니다.
내가 가장 잘하는 것을 펼쳐나가기에도 힘든 세상이다.

내가 가장 잘하는 것.
내가 할 수 있는 것.
내가 가장 좋아하는 것.

이 세 가지의 교집합을 찾아보자.
3가지 모두 다 일치하면 정말 좋겠다.

1. 내가 가장 잘하는 것

2. 내가 할 수 있는 것

3. 내가 가장 좋아하는 것

10 도전과 모험의 위대함

다음의 이미지는 내가 힘들 때마다 종종 보는 그림 중 하나이다. 특별한 설명이 필요 없다. 개구리는 마지막 힘까지 짜내 새의 목을 움켜잡고 있다. 절체절명의 순간에도 끝까지 포기하지 않고 죽을 힘을 다해 새의 목을 조르고 있다.

이 그림을 보면 누구든 지치고 힘들 일이 있다할지라도 희망을 얻게 된다.

아무리 절망적인 환경일지라도 개구리처럼 새의 목을 움켜지면 기적의 순간이 올 것이다. "절대 포기하지 말라!"

◀ 새가 살겠는가? 아니면 개구리가 살겠는가?

6)

6) http://kinimage.naver.net/storage/upload/2010/03/46/79043609_1269496444.jpg

1%의 영감과 99%의 노력이 천재를 만든다.

Genius is one percent inspiration and ninety-nine percent perspiration.

- 에디슨(Thomas Alva Edison)

1% 영감을 가볍게 볼 수는 없지만, 에디슨 역시 수천 번의 시도 끝에 발명한 것이다. 99%까지 노력을 기울이면 1등은 아니더라도 2등은 할 수 있다.

에디슨이 다른 발명가들과 다른 점이 있다면 바로 이것이다. 에디슨은 몇 번의 실패로 발명을 포기하지 않았고, 원하는 결과를 얻을 때까지 실험을 계속했다. 에디슨은 이천 번이 넘는 실패 끝에 백열전구를 발명했다.

성공이냐 실패냐는 실험 정신을 가지고 도전하기 전에는 알 수 없는 것이다.

우물쭈물 하다가 내 이럴 줄 알았다!

영국의 극작가이며 노벨문학상을 수상한 죠지 버나드 쇼(george bernard shaw)가 죽으면서 자신의 묘비명을 이렇게 적어 달라고 했단다.

"우물쭈물 하다가 내 이렇게 될 줄 알았어!"

◀ 죠지 버나드 쇼 묘비명[7]

과거엔 시간이 많은 줄 알고 미루고 편하게 생각하며 생활했다. 그러나 지금에 와서 시간의 참뜻을 알게 되었고 현재보다도 미래의 삶을 준비하며 살고 있다.

'현재(present)'라는 말은 '선물'로도 해석된다. 내일의 시간은 선물이므로 잘 준비해야 한다. 전반전보다 후반전이 더 중요하다. 또한 하프타임을 어떻게 충전하고 계획을 세우느냐가 더 중요하다.

지금 아래에 당신이 남길 마지막 결단을 기록해 보자.

------

7) http://veritas.catholic.or.kr/ko/ar-a499.jpg

"모험하라. 오늘도 내일도 계속해서 모험하라."

언젠가 영국 BBC 방송국에서 지난 1000년 동안 가장 위대한 탐험가 10명을 선정한 바 있다. 1위는 아메리카 대륙을 발견한 콜롬버스였으며, 2위는 타이티 - 시베리아 항해로 유명한 '캡틴 쿡' 제임스 쿡, 3위는 달에 첫발을 디딘 닐 암스트롱, 4위는 『동방견문록』을 쓴 마르코 폴로였다. 그리고 5위는 앞서 말한 네 사람에 비해 다소 생경하지만, 남극 탐험사에 관한 거론에서는 절대 빠지지 않는 어니스트 섀클턴 경이다.

섀클턴은 무려 3차례에 걸쳐 남극을 탐험했는데, 첫 번째 탐험은 1901년, 로알드 아문센의 경쟁자로 유명한 로버트 스콧 대령 휘하에서였다. 두 번째는 1907년에 독자적으로 탐험대를 이끌고 자남극, 즉 남극점으로부터 156킬로미터 떨어진 곳까지 진출했다. 이는 당시로서는 세계 최고 기록이었다. 그리고 이 탐험을 마치고 돌아와 자작 작위를 수여받은 그는 1914년에 다시 세 번째 남극 탐험을 떠났다.

1914년 12월부터 1916년 8월까지 무려 635일간의 사투를 진행한 것이다. 섀클턴과 27명의 대원들은 결국 애초에 계획했던 남극 횡단에는 실패했다. 하지만 그 실패는 실패로 끝나지 않았다. 그 어떤 성공보다도 위대한 것을 이뤄냈기 때문이다. 섀클턴은 그 어떤 악조건 속에서도 절망하지 않고 불굴의 의지를 펼쳐 보임으로써 도전과 모험의 위대함을 일깨워 주었다.

과연 섀클턴은 어떤 리더십을 발휘해 그들을 전원 생환시키는 기적을 이뤄냈던 것일까?

첫째, 그는 대원들로 하여금 스스로를 주인으로 느끼게 만들었다.
둘째, 그는 불필요한 것은 가차 없이 버렸다.
셋째, 그는 오기를 부리지 않았다.
넷째, 그는 어떠한 위기상황에서도 미래를 준비했다.
다섯째, 그는 최종 목표를 잊지 않았다.
여섯째, 그는 과감하게 도전했다.
일곱째, 그는 끝까지 책임졌다.

11 다르게 보는 힘

1950년대에 모든 식당은 손님이 주문하면 음식을 만들어서 팔았다. 그러나 맥도날드는 햄버거를 미리 만들었다가 주문 즉시 팔았다. 방식이 없다면 내가 만들면 된다. 생각이 달랐다.

맥도날드 맥카페

맥도날드의 경쟁상대는 KFC가 아니라 스타벅스다.

패스트푸드 업체가 커피 회사와 경쟁한다는 게 낯설게 느껴진다. 맥도날드는 맥카페라는 이름으로 커피를 팔기 시작했다. 미국에서 스타벅스 커피보다 맛있다는 평가를 얻었다. 패스트푸드점이 도전을 받는 상황에서 맥도날드는 미래를 내다보고 1993년부터 호주에서 조심스럽게 고급커피 시장에 진출했고 세계화를 준비해 왔다.

입장 바꿔 생각해 보라

Be Different
How We're Different

사람들이 정말 원하는 것이 무엇일까?

생각을 바꾸면 성공할 수 있다. 성공한 사람들의 공통점 생각이 달랐다(Different).

상대방 입장에서 생각해 본다면, 신입사원 입장에서 생각해 본다면, 어떤 입장이 우리의 인간관계를 훨씬 수월해지게 할까?

세상을 읽고 상대를 이해하려면 상대방 입장에서 생각할 줄 알아야 한다. 뭘 원하는지 관심을 기울여야 한다. 좀 더 명확한 답을 자동차의 왕으로 불리는 헨리 포드[8]가 정답을 말하고 있다.

"이 세상에 성공의 비결이란 것이 있다면,
그것은 타인의 관점을 잘 포착해 그들의 입장에서 사물을 볼 수 있는 재능, 바로 그것이다."

"Different"

---

8) 스탠리 포드(stanry Ford, 1863~1947)는 미국의 기술자이자 사업가로 포드 모터 컴퍼니의 창설자이다.

12 불광불급(不狂不及)

세계 갑부 1, 2위가 누군지 아는가?
빌 게이츠하고 워렌 버핏이다.
이 두 사람이 번갈아가면서 1위, 2위를 차지하고 있다.

세계갑부 1위 - 빌 게이츠

빌 게이츠는 성공 비결을 이렇게 말했다.
"저는 정말 좋아하는 일을 했습니다. 제가 좋아하는 일이기 때문에 열심히 할 수 있었고 심취할 수 있었습니다. 어떠한 성공을 원하건 진심으로 좋아하는 일을 하는 것만큼 최상의 방법은 없습니다."

자신의 달란트에 맞는 일을 하는 빌 게이츠는 일이 즐겁다면서 이렇게 말했다.
"저는 세상에서 가장 신나는 직업을 갖고 있습니다. 매일 일하러 오는 것이 그렇게 즐거울 수가 없습니다. 거기엔 항상 새로운 도전과 기회와 배울 것들이 가다리고 있습니다. 누구든지 자기 직업을 저처럼 즐긴다면 결코 탈진되는 일은 없을 것입니다."

빌 게이츠의 성공 공식

'좋아하는 일을 하다 보니 즐거워 열심히 했고, 열심히 하다 보니 미쳐서 몰입하게 되었다'

세계갑부 2위 - 워런 버핏

워런 버핏의 성공 비결은?

자신의 일에 미쳐 있었다는 것이다.

　버핏은 자신이 가장 좋아하면서 잘할 수 있는 일을 선택해서 성공했다.
　주변 사람들은 자신의 일에 미쳐 있는 버핏을 보고 이렇게 말했다.

"버핏은 하루 24시간 버크셔 회사에 대해 생각합니다."

그렇다면 평생 돈이 펑펑 굴러들어오는 사람, 세계 부자 랭킹 1위, 2위인 빌 게이츠와 워런 버핏의 성공할 수 있었던 공통점은 무엇일까?

자신이 좋아하는 일

스티브 잡스[9]

한 잡지의 조사에 따르면 자신이 선망하던 직업을 가진 사람은 단지 8%에 불과하다. 그렇기 때문에 대부분의 사람이 현재의 삶과 직업에 만족하지 못하거나 염증을 느끼는 것이다.

---

9) https://encrypted-tbn0.gstatic.com/images?q=tbn:ANd9GcTH__ySaOJUVDFWsuRB_zFP4-qtM89Zqi0ofqbZK0eQqPTaoWOT

한 중산층에 해당하는 1500명의 사회 초년생을 대상으로 직업이나 직장 선택의 기준을 조사한 결과, 무려 83%에 해당하는 1245명이 '월급이 많고 승진 빠른 직장'을 선택했다고 대답했다. 17%에 해당하는 255명 만이 자신이 하고 싶은 일, 즉 자기에게 가장 소중한 일을 선택한 것이다. 그로부터 20년이 지난 뒤 그들의 상황을 확인해보니 무려 101명의 백만장자가 나왔다. 그런데 단 한 명을 제외한 100명이 자신에게 가장 소중한 일을 선택한 17%에서 나왔다고 한다. 나머지 83%의 사람들이 좀 더 빨리 많은 부를 축적하기 위해 20년을 뛰었지만 만족스럽지 않은 일을 하면서 보통 수준의 소득을 올리며 살았던 것에 반해, 17%의 사람들은 탁월한 리더십을 발휘하면서 자신이 하고 싶은 일도 하고 많은 부를 축적하며 살고 있었던 것이다.

스탠포드 대학의 심리학 교수 루이스 테르만은 1921년, 천재로 불리는 어린이 1470명을 선택하여 그들의 성장 과정을 추적하기로 했다. 천재들의 성공과 실패를 결정짓는 요소는 무엇일까?
실패한 천재들은 '잘' 하는 자신의 재능을 찾지 못했다.

모든 현자나 연금술사들은 "스스로 재능을 찾아내라. 자기가 좋아하는 일에 재능이 숨어 있다"고 말한다. 좋아하는 일은 '자주' 하게 되고, '자주' 하다 보면 미치게 되고, '미치게' 되면 '잘' 하게 된다는 뜻이다.

불광불급(不狂不及), 즉 '미치지 않으면 미치지 못하게 된다.'는 의미이다. 미친다는 것은 무엇인가 한 가지에 깊이 파고들어 그 무엇인가에 완전히 빠지는 몰아지경, 즉 몰입과 같은 말이다.

애플의 CEO 스티브 잡스는 "미칠 정도로 멋진 제품을 창조하라, 아니면 우주를 감동시켜라"라고 했다.

〈 미침의 기술 〉
하나. 미치려면 미칠 대상이 있어야 한다.
둘. 미치는 데에는 용기가 필요하다.
셋. 미치는 데에도 기술이 필요하다.

지금 당신은 선택한 일에 불광불급(不狂不及)하고 있는가?

지금 설레이는 마음을 일을 하고 있는가?

13 공짜는 없다.

 미국의 한 CEO가 지하도를 건너다가 길거리에서 연필을 팔고 있는 걸인을 보게 되었다. 다른 행인처럼 그 CEO도 1달러만 주고 연필을 받지 않고 그냥 지하도를 건너갔다. 그런데 CEO는 갑자기 자리를 멈췄다. 그리고는 다시 횡단보도를 돌이켜 건넜다.
 "방금 제가 1달러를 드렸는데 연필을 못받았군요. 연필을 주셔야지요."
 그러자 걸인은 처음엔 어이없다는 표정을 지었다.
 보통 사람들은 그냥 1달러를 주고 지저분한 연필을 갖고 가는 사람은 없었기 때문이었다.
 "자 연필들 좀 봅시다...이 연필이 좋겠군요... 사장님."
 그러자 거지는 또 다시 이상한 표정으로 CEO를 쳐다보았다.

그러자 그 CEO는 말하기를

"이제 당신은 더 이상 거지가 아닙니다. 당신도 저와 같은 사업가입니다."

매일 연필을 들고 돈을 구걸하면서 이제까지 한 번도 들어보지 못했던 '사장님'이란 말을 들은 걸인은 갑자기 자신의 자아 이미지가 달라지는 것을 느끼게 되었다.

"사업가? 그래.. 나는 연필을 팔았으니까.. 사업가야."

"그래 당당하게 연필을 팔고 돈을 받는 사업가지."

그 CEO의 말에 걸인은 갑자기 자아의 벽이 깨지기 시작했다. 그리고 그때부터 자신이 달리 보기 시작했고 자신 스스로에게 "난 거지가 아니야. 난 거지가 아니야 난 사업가야." 하며 자신의 뇌세포에 자극을 주었다. 그리고 그 후 그는 걸인이 아닌 사업가로 당당히 성공을 하게 되었다. 그는 그에게 연필을 사주었던 그 CEO를 만나서 "당신은 나의 은인입니다. 감사합니다." 하고 고맙다며 찾아왔다.

공짜는 없다.

'장자(莊子)'에 다음과 같은 이야기가 있다.

옛날 어느 나라 임금님이 어떻게 하면 온 백성이 다 잘 살게 할 수 있을까 고민하다가 신하들에게 성공의 비결을 연구하라고 지시했다. 연구를 거듭한 끝에 열두 권의 책으로 성공비결을 총 망라 하여 임금님께 보고했다. 임금님이 읽어 보니 참으로 훌륭한 내용이었다. 그러나 이 방대한 책을 백성들이 다 읽고 이해하기가 매우 어려울 것이니 그 내용을 간단하게 줄여오라고 했다.

줄이고 줄여 한 권의 책으로 만들었으나 임금님은 더욱 더 줄여서 결국 한 문장으로 줄여보라고 했다. 신하들은 결국 짧은 한 줄의 문장으로 만들어서 임금님께 보여드렸는데, 이것을 받아 본 임금님은 그 때서야 비로소 만족하며 "바로 이것이다. 참으로 훌륭한 성공의 비결이다. 백성들이 이것만 알고 이대로만 한다면 틀림없이 잘 살 수 있을 것이다."고 말했다고 한다.

임금님이 마지막으로 흡족하게 받아 본 그 성공의 비결은 바로 "이 세상에는 공짜가 없다"라는 말이었다.

정말 이 세상에는 공짜가 없다. 성공적인 자신의 미래는 얼마나 열심히 효과적으로 노력했는가 하는 그 노력의 댓가 만큼 이루어 질 것이다.

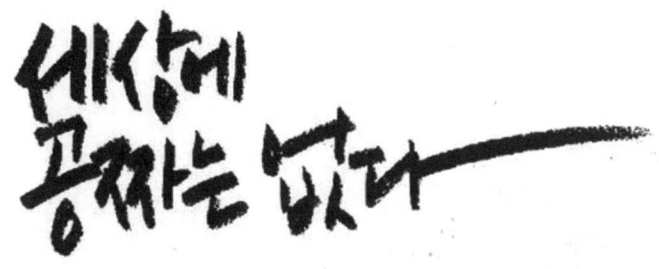

10번을 크게 외쳐 보라.
"세상에 공짜는 없다!"

14 생각하는 존재 _ 인간

프랑수아 오귀스트 르네 로댕(1840- 1917)

창의성이란 쉽게 말해 창조적인 것을 만들어내는 성질이다.

창의성은 결코 어느 날 갑자기 땅에서 솟고 하늘에서 떨어지는 것이 아니다. 이는 기존의 것들에서 벗어난 색다른 차이가 쉼 없이 지속될 때 나타난다. 즉 창의성이란 끊임없는 차이의 부각과 그 차이의 지속인 셈이다.

창의성의 대명사가 된 레오나르도 다 빈치는 "쇠붙이에 그치지 말고 면도날이 돼라"고 말한 바 있다. 쇠붙이나 면도날이나 쇠는 쇠다. 하지만 하나는 종이를 자를 수 있는 반면, 다른 하나는 종이는커녕 무도 베기 힘들다. 그렇다면 쇠붙이가 면도날이 되려면 어떻게 해야 할까? 그건 날마다, 하루도 빠짐없이 숫돌에 가는 길뿐이다. 즉 어제와 다르고, 오늘과 다르고, 내일도 달라져야 한다. 그 끊임없는 차이의 지속이 결국 넘볼 수 없는 격차를 만들고 종국에는 전혀 새로운 질과 차원을 향한 창의성의 원천이 된다.

고대 그리스 철학자 아리스토텔레스는 "인간은 사회적 동물"이라고 말했다. 인간은 엄밀히 말하면 동물과는 확연히 다르다. 우선 인간은 혼자 살아가는 고립적 존재가 아니라는 의미이다. 반면에 인간은 더불어 살아가야만 하는 공동체적 존재임을 말하고 있다.

결국 인간은 공동체 생활을 통해서만 인간다움을 유지할 수 있다. 그런가하면 동물들은 자연환경에 얼마든지 잘 적응하지만 사람들과 관계는 형편없다. 인간은 동물과는 다른 창조적인 문화와 문명을 만들 수 있기 때문이다. 또 손을 통한 무수한 놀라운 창조물들을 만들어냈다. 동물과 달리 성찰 능력과 학습능력이 탁월하다. 그래서 인간은 환경에 능동적으로 대처하고 그에 맞는 도구들을 활용하면서 더 나은 삶을 추구할 수 있다.

인간은 언어와 문자를 통해 의사를 소통하고 그러한 소통을 통해 문제에 대한 극복 능력을 배가시키고 보다 더 안전하고 풍요로운 삶을 살아가는 기술을 축적한다. 또 인간만이 사고능력과 분석능력이 뛰어나다.

동물은 사람처럼 고차원의 생각을 할 줄 모른다. 그래서 사람도 동물은 동물인데 생각하는 동물이다. 유명한 철학자이며 수학자인 파스칼은 사람을 '생각하는 갈대'라고 했다. 뒤집어 말하면 사람은 갈대처럼 약하지만 그러나 '생각을 한다'는 말이다.

이렇게 생각하는 능력을 학문에서는 이성(理性)이라고 한다. 이성은 사람에게만 있는 독창적인 능력이므로 사람은 이성이라는 무기를 잘 활용해야 한다.

알록달록 돋보이는 무늬

마다가스카 2

아프리카를 무대로 두 배 더 거대해진 모험담을 그린 〈마다가스카2〉를 보면 동물원의 절친한 친구 사자 알렉스와 얼룩말 마티가 어느 날 밀림에서 헤어지게 된다. 마티를 찾던 알렉스는 수백 마리의 얼룩말 무리를 만나게 된다. 그 많은 얼룩말 속에서 알렉스는 마티를 금방 찾아낸다.

"어떻게 날 찾았니?"라고 마티가 묻자 알렉스가 대답한다.

"다른 얼룩 말들은 까만 바탕에 흰 줄인데,
넌 흰 바탕에 까만 줄이야!"

다름을 인정할 때 창의성이 나온다.
다름을 이해할 때 상상력이 발휘된다.

창의성과 상상력의 본질은 다르게 보는 눈이다.
그리고 나만의 돋보이는 무늬가 있어야 한다.

15 THE 인성

인성이 실력

THE 리더란 '인간의 품성, 사람의 됨됨이, 인간성, 인성, 성품, 성격, 품격' 등 모든 인성적 본질을 갖춘 자이다. 이는 반복된 교육과 훈련, 수양과 수행을 통해 더 좋은 인성(人城)으로 고치고 바꿀 수 있다.

인성(人性)이란 용어는 인품, 인격, 성품, 사람 됨됨이 등의 용어로 학자 간의 의견이 달라 확실한 구분이 어려워 혼용하여 사용한다. 즉 사람의 성품이다. 인성을 영어로 번역하면 'Personality' 또는 'Character'등의 용어로 사용한다. 일반적으로 심리학자들은 'Personality' 라는 단어를 더 선호하고, 윤리학자들은 'Character'라는 단어를 더욱 선호한다.

인성은 사람이 태어날 때부터 가지고 있는 본연의 성질이다. 이는 선천적으로 타고난 기질과 후천적으로 주어진 환경의 영향으로 개인의 가치관과 의지 등에 의해 변화하는 것이므로 관계와 삶을 통해 형성되어 가는 것이다.

인성이란?

자신의 내면적 요구와 사회 환경적 필요를 지혜롭게 잘 조화시킴으로써 세상에 유익함을 미치는 인간 고유의 특성이다.

한 나라와 기업의 미래 그리고 한 개인의 미래를 알려면 지금 인성교육이 어떻게 이루어지고 있는지를 살펴보면 알 수 있다. 강조하지만 미래사회는 인성교육이 경쟁력이다. 그러므로 나라, 기업 그리고 개인은 모두 인성 함양교육을 최우선 지향점으로 삼아야 한다. 생각나는 글귀가 있는데, 공자는 논어에서 '들은 것은 잊어버리고, 본 것은 기억되나, 직접 해 본 것은 이해된다' 라고 말했다.

따라서 더(The) 인성(人城)은 인간이 세상을 살아가면서 어떤 학문과 기술보다 먼저 더 요구되는 인격의 바탕을 좌우하는 밑거름이 된다.

앞으로의 사회는 필히 습관, 태도, 성격, 가치관, 태도, 인격 형성을 위한 제 역할을 충실히 해야 한다. 왜인지 아는가? 기업에서 채용시, 인간관계시, 꿈을 이루는 데 있어 인성과 태도를 가장 중요시하기 때문이다. 특히 직장과 사회생활에서 전문지식이나 기술 등의 항목보다 인성교육을 더 필요로 한다.

먼저 자신의 성격 특성을 파악하여 고칠 것은 무엇이고 보완할 것은 무엇인지를 냉철하고 확실히 체크해 보자. 자신의 실상을 알고 문제를 아는 것은 해결의 선결 조건이다.

THE 리더의 성격 특성 5가지

성격 특성	개인의 성격	체크
외향성	사람들과 잘 어울리며 열정적이다.	
신경성	스트레스나 분노, 걱정과 관련된 성격이다.	
성실성	체계적이고 자발적이고 목표를 향해 성실하게 노력한다.	
친화성	사람들을 잘 믿고 친절하며 감정이입을 잘한다.	
개방성	창조적이고 독창적이다.	

THE 리더의 인격 분석하기

인성의 핵심가치로는 성실, 예, 효, 정직, 책임, 존중, 배려, 소통, 협동, 인사, 등 많은 것들이 있다. 다음의 아래에 나의 인격적 강점과 단점들은 무엇인지 아래의 목록에 적어보자. 그 다음으로 강점은 더욱 강력한 경쟁력으로 만들고 부족한 부분들은 육하원칙에 의하여 바꿀 수 있는 계획을 세워 실천한다.

나의 강점들	나의 부족한 것들
1.	1.
2.	2.
3.	3.
4.	4.
5.	5.

인성교육의 과정

- 가치관과 자아 확립 교육
- 효도 확립 교육
- 공동체 확립교육
- 생활습관과 매너를 통한 인성교육
- 칭찬, 배려를 통한 교육
- 입장 바꿔 생각하기
- 유언장 쓰기, 글쓰기
- 가족, 친구, 선생님께 편지쓰기

인성(Personality)교육의 목표

인간다운 인간이 되기 위한 인성교육의 목표는 다음과 같이 요약하여 정리할 수 있다.

- 자신에 대한 올바른 이해를 한다. 자기 자신을 올바르게 이해하는 사람의 삶은 다르기 때문이다. 자기 안에 내재되어 있는 잠재력을 계발 할 수 있다.
- 자신의 가치와 장단점을 바로 알고 자신을 존중하고 수용하는 자세를 기른다. 올바른 자아정체감을 형성한다.
- 자신의 본능적 충동이나 감정 때문에 좌절하기보다는 긍정

적이며 적극적인 방식으로 표현한다. 이로 인해 몸과 마음의 건강을 증진하고자 함이다.
- 올바른 현실감각을 배양한다. 타인과의 원만한 인간관계를 현실적으로 갖출 수 있도록 한다. 문제해결 능력을 키우는 데 있다.
- 타인에 대한 공감적 이해와 타인 존중의 자세를 함양한다. 솔직한 자기표현과 타인에 대한 공감적 이해는 보다 긍정적이고 성숙한 인간관계를 형성한다. 책임감과 협동심의 자질을 갖추고자 함이다.

몰입의 힘

지금 내가 하고 있는 일이 재미없고 의무감으로 한다면 이미 실패하는 방향으로 가고 있다. 재빨리 방향을 틀어야 한다. 우선적으로 기분부터 좋게 만들고 '할 수 있다'는 자신감을 갖고 다시 출발하라.

뭔가에 열중하고 자신이 진심으로 좋아하는 일에 '몰입'했을 때 기적이 일어난다. 새로운 창조가 가능한 순간이다. 어떤 분야든 몰입하게 되면 성공할 확률이 높아지게 된다. 신나고 즐거우며 시간가는 줄 모르는 것이 있다면 뇌가 극도로 활성화되어 영감과 창조성이 극대화가 된다.

한 가지 대상에 진심으로, 오직 하나만 바라보고 생각하고 집중하는 것이 몰입이다. 선택하고 결정한 것에 즐기면서 시간가는 줄도 모르고 그 일을 즐기면서 한다면, 성공할 확률이 높아지게 된다.

에디슨의 "천재는 99%의 노력과 1%의 영감으로 이루어진다"는 말에서 노력은 1차적으로 영감을 떠오르게 하기 위한 몰입의 노력이다.

재미있고 신바람이 들 때(몰입)	의무감으로, 억지로 일을 할 때 (몰입 안됨)
즐겁고 집중되고 시간이 가는 줄 모름. 영감, 집중력, 판단력, 창조력, 사고력 등 활성화 됨	스트레스 상태나 건성으로 하게 됨 짜증이 나고 부정적 생각을 가짐 몰입이 안 됨

(생각) → 호감 → 즐거움 → 몰입

  긍정   과정 즐김   슈퍼의식

                                  - 영감, 창조력

                                  - 판단력, 사고력

                                  - 집중력, 잠재력

                                  - 아이디어, 신바람

16 매너의 매력

_ 괴테

마음에는 예의란 것이 있다. 그것은 애정과 같은 것이어서 그같이 순수한 예의는 밖으로 흘러나와 외면 행동으로 나타나는 것이다.

비즈니스 관계에서 매너는 매우 중요하다.

미국 컬럼비아 대학교 MBA 과정에서 유수 기업 CEO들을 대상으로 "당신이 성공하는 데 가장 큰 영향을 준 요인은 무엇인가?"라고 질문한 적이 있었다. 그러자 놀랍게도 응답자의 93퍼센트가 능력, 기회, 운(運) 등이 아닌 '매너'를 꼽았다.

매너라는 말은 라틴어 '마누아리우스(manuarius)'에서 유래했는데, 'manus'와 'arius'의 복합어다. manus는 영어의 'hand' 즉, 손이라는 뜻이며, arius는 방식, 방법을 의미한다. 결국 매너란 손의 방법, 손으로 하는 방식, 다시 말해 매우 구체적인 행위 방식을 뜻한다.

많은 성공한 CEO들이 자신의 성공비결을 매너에서 찾았듯이 좋은 매너는 공감과 신뢰, 감동을 불러일으킨다. 프랑스에서 매너를 '삶을 멋지고 성공적으로 영위할 줄 아는 방법'이라고 정의하는 것이 이 때문이다. 매너가 곧 경쟁력이라는 말이다.

영국 엘리자베스 여왕이 중국의 고위관리와 식사를 하게 되었을 때의 이야기다. 서양식 테이블 매너를 모르는 중국 관리가 핑거볼(식사 전 손가락 씻을 물을 담아 내놓은 그릇)의 물을 마셔 버리자, 엘리자베스 여왕 또한 태연한 얼굴로 자신의 핑거볼 물을 마셨다고 한다. 여왕의 행동은 '에티켓'에는 어긋나지만 최선의 매너가 아닐 수 없었다.

만약 여왕이 "오 마이 갓! 그런 손가락 씻는 물이에요!"라고 기겁을 하든지 상대방 앞에서 웃어버렸다면 중국 고위관리의 이미지뿐만 아니라 여왕의 이미지도 결코 좋았을 리가 없다.

매너가 좋은 사람은 입장을 바꿔 생각할 줄 안다.

상징적 상호작용론(Symbolic Interactionism)

사람은 늘 관계 속에 존재한다. 태어나면서부터 상호의존의 고리 속으로 들어간다. 커뮤니케이션에 있어 매우 중요한 상징적 상호작용론(Symbolic Interactionism)이라는 것이 있다.

매너란 상대에게 보여지고 기대되는 나를 규격화하는 행동양식이다. 매너는 마음의 문을 여는 열쇠다. 그만큼 좋은 매너는 공감과 신뢰, 감동을 준다. 또 매너는 배려다. 관계 속에 존재하는 인간에게 매너란 '관계에 대한 감수성'이다. '역지사지(易地思之)'로 입장 바꿔 생각할 줄 아는 것이야말로 매너의 기본이다.

매력을 발산하는 10가지

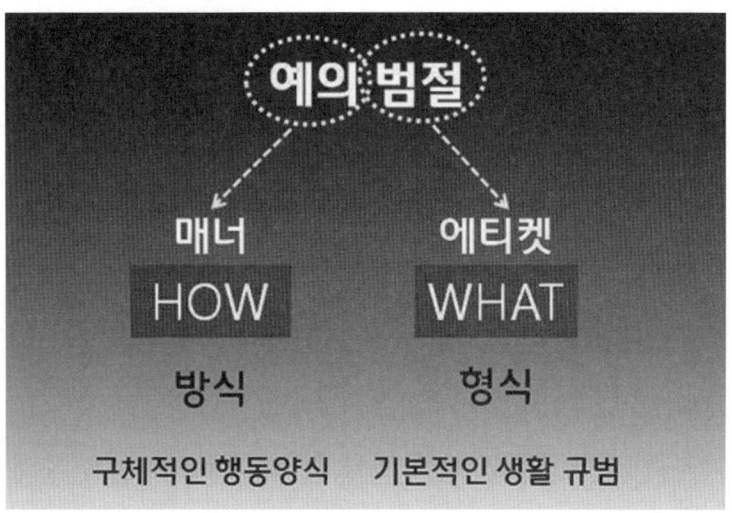

1. 글로 구체적으로 써라.
2. 외모를 가꾸어라.
3. 호감 가는 표정을 만들어라.
4. 유머 파워를 키워라.
5. 긍정의 언어와 이미지의 위대한 힘을 믿어라.
6. 매력적인 첫 이미지를 제공하라.
7. 상대에게 먼저 관심을 보여라.
8. 바르고 자신감 있는 태도를 갖춰라.
9. 경청의 기술을 쌓아라.
10. 매너 좋은 사람으로 품격을 높여라.

2장

인성 리더십의 가치

휴먼Human 경쟁력

1 내재된 가치 value

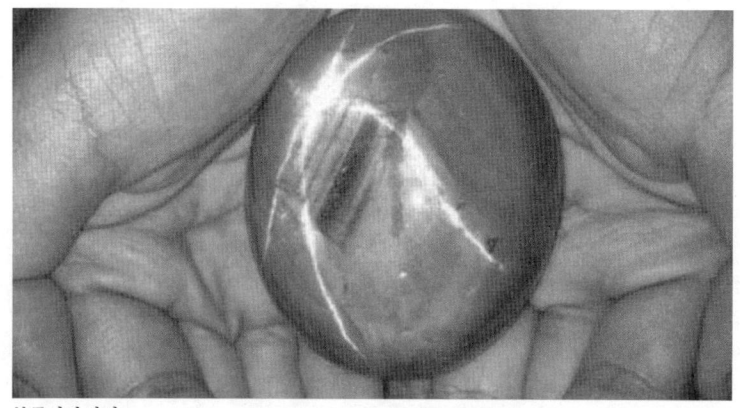

블루사파이어
이미지 출처 : http://thekpm.hankyung.com/news/photo/201601/4207_4024_3131.JPG

　최근에 블루사파이어가 발견되었는데 보석감정가에 의하면 블루사파이어는 1404.49캐럿(주먹 크기보다 작은 것)으로 2000억원 이상의 가치가 있다고 한다. 가치는 크기에 있는 것이 아니다. 그런데 놀랍게도 사람은 누구나 블루사파이어와 같은 가치와 값진 자원들을 모두 가지고 태어났다. 그렇다면 모든 사람들에게 신(神)이 주신 3가지 성공가치는 무엇일까? 긍정적 가치로 생각해 보라. 바로〈미소(표정, 인상)〉〈언어(말)〉〈태도〉이다. 이런 내재된 가치가 크고 사뭇 다른 결과를 만든다.
　이러한 내재적 가치에 능통한 달인이 되면 넓은 인간관계는 물론이고 큰 성공과 부를 누릴 수 있다. 크게 도약할 수 있다.

32살의 나이에 전구를 발명해 세상을 바꾸었던 토마스 에디슨은 1%의 영감으로 만든 결과이다.[1]

당신의 미소, 언어, 태도의 가치는 어떤가?

일본 마쓰시타의 창업자 마쓰시타 고노스케[2]는 "댐경영"이라는 말을 사용했다. 댐에 물을 저장해놓듯이 자금과 인력, 설비뿐만 아니라 미래의 예측해 대비해 두어야 한다는 의미이다. 즉 경기가 좋을 때는 안주해서는 안 되며 경기가 나쁠 때를 예상해 경영해야 한다는 의미이다.

긍정적 가치 _ 미소

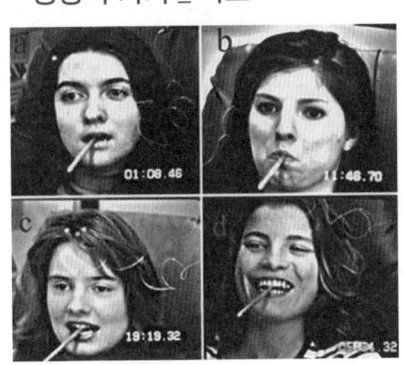

이미지 출처
볼펜을 입에 무는 웃음 근육 실험

---

1) 천재는 1%의 영감과 99%의 노력으로 태어난다.
2) 경영의 신

긍정적 정서는 대인관계능력을 향상시킨다. 볼펜을 입에 무는 방식을 통해 다른 감정을 유발한다는 실험을 언급하였다. 치아로 볼펜을 물어 웃음 근육을 사용한 피험자들은 이 행위를 통해 긍정적 정서가 유발되었다. 그 상태로 사진을 보게 하면 사진 속 사람들의 감정에 대해 훨씬 긍정적으로 평가하게 된다. 자신의 긍정적 정서가 타인을 보다 긍정적으로 받아들이게 만드는 것이다. 이러한 작용이 원만한 대인관계에 도움을 준다.

그냥 웃는다. 긍정적 정서는 뇌를 활성화시키는 가장 간단한 방법이다. 웃는 표정을 짓게 되면 뇌는 즐겁고 기분 좋다고 느끼게 되며, 쉽게 긍정적 정서에 돌입할 수 있는 상태가 된다. 이때 창의력과 상상력이 수월해진다. 강력한 도파민 호르몬을 분비하게 된다. 그러니 억지로라도 웃어야 한다. 밝은 표정을 짓는 것만으로 행복을 가져오기 때문이다. 라부레는 '웃음은 인간의 본능이다.' 토마스 아퀴나스는 '기쁨은 가장 고귀한 인간의 행동이다'라고 말했다.

이것을 심리학자 바바라 프레드릭슨은 자아확장력(회복탄력성)이라고 말했다. 이는 타인과 내가 하나가 되는 느낌을 강하게 해주는 원동력이다. 자기 자신이 다른 사람과 연결되어 있다고 느끼는 정도이다. 즉, 기쁨, 즐거움 등의 긍정적 정서가 충만한 사람들은 주변 사람들과 자신을 일치시키는 덩어리로 느끼게 된다.

그렇다면 자아확장력이 높은 사람들의 특징을 보면 사교적 활동이 활발하다. 넓고 깊은 인간관계를 하며 무엇보다도 표정과 태도가 다르다.

인도의 인사말 "나마스떼"는 '지금 여기의 당신을 존중하고 사랑한다'는 뜻이다. 내가 먼저 "나마스떼"로 인사하자.

세계적인 성공학의 대가, 브라이언 트레이시(Brian Tracy · 63). 그는 '실패학'을 이용해 성공한 인물이다. 스스로 무일푼에서 연간 매출 3000만 달러의 인력개발기업을 만든 실전형 기업인이기도 하다.

성공학의 대가 "브라이언 트레이시" [3)]

---

3) http://news.chosun.com/site/data/img_dir/2007/04/20/2007042000231_0.jpg

브라이언 트레이시는 인간관계의 성공을 단 한마디로 단언했다.

"인간관계는 얼마나 잘 웃느냐에 따라 결정된다."

러시아가 낳은 인류 최고의 문학 거장 도스토예프스키의 소설 〈사가의 기록〉에 이런 말이 있다. "인간은 상대의 웃는 모습을 보고 그 사람의 됨됨이를 알 수 있다."

행복하고 기쁨에 찬 웃음은 인간관계의 핵심이다. 모든 사람은 잘 웃고 유머 있는 사람에게 매력을 느낀다. 그런 사람과 함께 있고 싶어 한다. 웃음을 선사하는 사람은 다른 사람들로부터 호감을 사게 된다.

성공을 부르고 끌어당기는 최고의 테크닉 5가지

1. 힘차게 웃으며 하루를 시작하라. 활기찬 하루가 펼쳐진다.
2. 세수할 때 거울을 보고 미소를 지어라. 거울 속의 사람도 나에게 미소를 보낸다.
3. 모르는 사람에게도 미소를 보여라. 마음이 열리고 기쁨이 넘친다.
4. 웃으며 출근하고 웃으며 퇴근하라. 그 안에 천국이 들어있다.
5. 만나는 사람마다 웃으며 대하라. 인기인 1위가 된다.

〈실전 나눔〉

- 나는 얼마나 자주 긍정적 미소를 나누는가?

- 나는 오늘부터 미소를 선물하고 감사함을 전하겠다.

- 성공적인 인간관계를 위해 브라이언 트레이시는 어떤 말을 했는가?

2 혁명의 아이콘

스티브 잡스(1955-2011)는 픽사를 이끌고 〈토이스토리〉와 〈벅스라이프〉를 연속으로 성공시켜 컴퓨터 애니메이션을 영화계 최고의 상품으로 만들어 냈고, 애플사의 최고경영자(ceo)로 복귀한 지 1년 만에 쓰러져 가던 애플사를 흑자로 돌려놓은 신화의 주인공이다.

2005년 6월 12일 잡스의 스탠퍼드대학 졸업 축사는 많은 사람의 심금을 울렸다. 당시 그가 말기 췌장암 투병 중이라는 사실을 아는 사람은 아무도 없었다.

"다른 사람의 삶을 사느라고 시간을 아는 사람은 아무도 없었다. 여러분 자신의 삶을 사세요. 여러분이 정말 잘하고 싶은 일을 찾으세요. 그리고 그 일에 완전히 매진하세요. 절대적인 최고의 경지에 오르기 위해 노력하세요. 그리고 날마다 여러분에게 남은 마지막 날인 것처럼 최선을 다해 하루하루를 사십시오."

한마디로 무엇을 말하는 것인가? 인생의 주인공으로 살라는 것이다.

ICT업계의 혁명을 일으켰던 스티브 잡스는 혁명을 거창하고 어려운 것이 아니라 작은 변화부터 시작한다고 말했다.

"물 들어올 때 노 저어라"라는 속담이 있듯, 변화의 파도가 끊임없이 밀려들고 있다. 지금 변화의 파도에 올라타야 한다. 현재에 안주하지 말고 끊임없이 도전하며 어제의 관습에서 벗어나 활기를 불어넣는 동력자가 되어야 한다. 그렇지 않으면 도태되고 뒤로 밀리게 된다.

'왝-더-독(Wag the dog)'이라는 말이 있는데 '꼬리가 개를 흔든다'라는 의미이다. 작은 변화가 큰 혁신을 불러올 수 있다. 뭔가 바꾸고 싶다면 당장 지금부터 시작하라. 설령 작은 것일지라도. 그게 바로 혁명의 시작이다.

하고 싶은 것, 좋아하는 것, 잘 하는 것을 하라.

혁명의 주도자 _ 스티브 잡스 동영상 보기

다음의 유튜브 사이트에서 제공한 동영상 주소의 내용을 보고 그 핵심을 정리하여 발표한다.

스티브 잡스 [4]

---

4) http://terms.naver.com/entry.nhn?docId=2073350&cid=44414&categoryId=44414

[동영상보기] 유튜브 주소

유튜브 : [채널IT] 故 스티브잡스 1주기, 혁명의 아이콘을 추억하다.

URL : httpps://youtu.be/NFjZidhuU5I

스티브 잡스의 혁명리더십

- 혁명의 물건들, 혁명을 선도했다.
- 경영철학은 기존 질서와 '철저히 다르게(Making a Difference)'였다.
- 직접 발로 뛰면서 사업을 성공시켰다.
- 새로운 것에 항상 주의를 기울였다.
- 실패를 거울삼아 자신을 혁신하였다.
- 애플의 진화를 혁신(innovation)이라 불렀다.
- 애플의 모토는 '다르게 생각하라(Think Different!)'다.
- 스티브 잡스는 '과연 내가 고객이라면 이 제품을 기꺼이 살 것인가?'
- "단순한 돈벌이가 아니라 궁극적으로 고객을 행복하게 만드는 일을 한다."
- 그는 인간에 대한 깊은 통찰력을 갖고 있었다.

안목? 디자인적인 감각? 미래를 예견하는 능력? 이것들이 성공의 열쇠이다.

결국 리더의 통찰력과 목표가 어떤 리더(leader)가 되고, 어떤 조직이 되는지 결정짓는다. 지금 나의 강한 목표의식이 내일의 삶을 재창조하게 된다.

다음 아래에 혁명의 주도자 스티브 잡스 동영상을 보고 느낀 점을 적고 발표해 본다.

수신제가치국평천하

중국고전 사서(四書:논어, 맹자, 중용, 대학)중 하나인 대학(大學)에 보면 〈수신제가치국평천하(修身齊家治國平天下)〉라는 말이 나온다. 이는 '자기 자신을 먼저 수양하고, 이후 집안을 잘 다스리며, 이후에 나라를 다스리고, 이후에 천하를 평정한다'는 말이다. 즉 큰일을 도모하려면, 우선 자기 자신과 그 주위부터 잘 다스려야 한다는 뜻이다. 먼저 자신을 경영할 수 있어야 한다.

'수신제가치국편천하'는 유교의 기본 이념이다. '수신(修身)'은 곧 자기이해 지능을 높여야 된다는 말이다. 곧 내 자신을 갈고 닦는 '수신'에 해당된다. 가정을 화목하게 잘 꾸려나가는 '제가

(齊家)'는 자신과 가장 가까운 인간관계인 가족을 관리해나가야 한다는 뜻이다.

다음 아래에 〈수신제가치국평천하〉의 의미를 다시 한 번 적어 보라.

_____
_____
_____
_____
_____
_____

3 미래사회의 특이점

대부분의 미래학자들은 기존 공간경계는 다 무너지고 강력한 대혁신과 예상하지 못한 세상이 온다는 것이다.

대표적인 미래학자 레이 커즈와일은 2045년이면 기계가 인간의 지능 수준을 초월할 것이라고 이야기한다. 이 지점을 특이점(singularity)이라 부른다.

에디슨 이후 최고의 발명가로 손꼽히는 레이 커즈와일(Ray Kurzweil). 인공지능 연구자이며 구글 엔지니어링 이사. 미래학자로서 지난 30년간 미래 예측에서 86%가 넘는 적중률을 보인 엄청난 미래학자이다. IQ 165의 미래학자 레이 커즈와일 박사는 147개 예측 가운데 126개가 실현되었다. 그는 에디슨 이후 최고의 발명가로도 평가받고 있다.

67세인 그는 특허 39개를 기반으로 일곱 번이나 창업하고 재산도 모을 만큼 모았다. 그런데 한 번도 남의 밑에서 일해본 적 없는 그가 왜 뒤늦게 구글의 새파란 창업자들 밑에서 '종속의 길'을, 구글에 임원으로 입사했을까?

그 이유를 '사람 수준 인공지능을 개발하기 위해서였다'고 털어놓았다.

그의 1차 목표는 '사람 말을 100% 이해하는 컴퓨터'를 개발하는 것이다.

레이 커즈와일[5]

최근에는 인간의 불로장생을 예측하여 세상을 놀라게 했다. 그의 나이 67세인데, 생물학적 나이는 48세이다. '한계를 뛰어 넘어 진화하는 것이 인간이다'라고 말한다.

　수십억 달러를 가진 피터피엘 에피팔 최고경영자 CEO, 페이스북 이사는 "죽음은 더 이상 불가피한 존재가 아니다"라고 말했다. 구글 기업도 '늙지 않고 병들지 않는 인간'을 위해 연구하고 있다. 미래 사회를 향해 커즈 와일은 이런 말을 하였다. "영원히 살게 되더라도, 대다수 인간은 여전히 진보와 발전을 향해 갈 것이다."

　미래학자 레이 커즈와일은 특이점을 기하급수적인 기술의 발전을 바탕으로 인간보다 더 지능적인 기계의 출현을 예측하고 있다. 즉 인공지능이 고도로 발단된 기계가 인간의 이성과 그 지능을 뛰어넘는 지점을 의미한다. 2045년 쯤 기술적 특이점(singularity)이 일어난다.

---

5) http://worldff.pofler.com/wff/bbs_sun/files/scholar/scholar_201010172155410.jpg

2045년 기술적 특이점

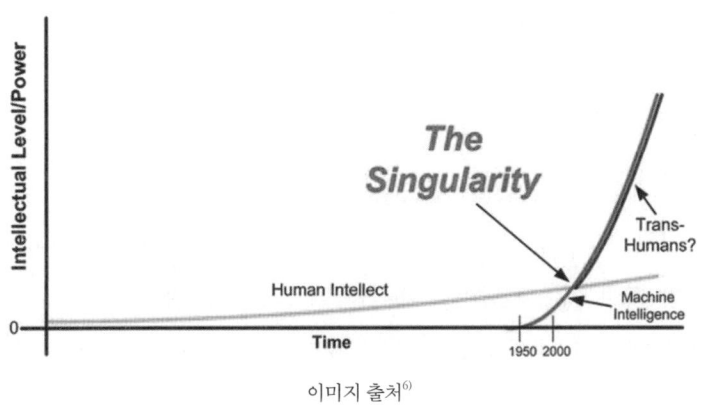

이미지 출처[6)]

10년 후 미래에는 어떤 직업이 뜰까?

미래사회는 더욱 세분화되어 생소하기만 한 특이한 직업이 생겨날 것이다. 한국고용정보원은 지구온난화, 유비쿼터스 시대, 세계화, 일과 삶의 균형, 고령인구 증가 등 우리나라 직업세계에 영향을 미칠 8대 메가트렌드를 분석한 후 이에 따른 10년 후 미래 유망 직업을 예측했다.

직업세계의 8대 메가트렌드로 '직업의 녹색화', '유비쿼터스', '첨단기술 발전', '세계화', '산업과 기술의 융합', '일과 삶의 균형', '삶의 질 향상', '고령인구 증가 및 다문화 사회'등 이다.

---

6) http://cfile2.uf.tistory.com/image/213F574054F19D6805A99B

21세기를 비즈니스 3.0시대[7]라고 한다. 이 시대는 '융합과 창조'의 시기라고 말한다. 결국 창의력과 상상력을 바탕으로 새로운 사업 기회를 창출해야 생존할 수 있는 시대이기 때문이다. 이러한 창조와 융합의 환경에 적응하지 못하면 생존에 위협을 받거나 쇠퇴하는 시대이다. 그렇다고 새로운 것을 창조하는 것은 아니다. 이미 알려져 있는 정보와 기술, 지식을 잘 조합하고 비빔밥 비비듯이, 사람마다 기존에 가지고 있는 재능을 잘 섞어서 틀을 바꾸고 남과 다른 독점적 차별화된 가치를 창출하는 것이다. 예로, 21세기 최고의 부호 빌 게이츠가 그랬다. 구글 기업이 그랬고 애플이 그렇고, 페이스북도 마찬가지이다. 이들의 성공 전략을 들여다보면 모두 이미 존재하던 가치를 어떻게 비빌 것인가 하는 차별화의 결과물이다.

'융합convergence'[8]은 21세기 '창조경제'와 함께 화두의 신조어이다.

여러 가지의 개념을 합쳐서 한 가지의 개념으로 만드는 것을 융합이라고도 한다. 음악에서는 두 회사나 브랜드, 가수 등이 합작해서 서로의 이미지를 합친 새로운 제품 또는 작품을 만들어내는 것이다. 융합이란 다름에 대한 이해에서 시작한다. 융합은

---

7) 비즈니스 3.0 융합시대(통섭:convergence, 협력:collaboration)를 의미한다.
8) 예로 상상력과 기술이 결합해 창조적 문화 콘텐츠를 만들어낸다.

혼자서는 형성할 수 없다. 반드시 다른 두 기업, 상품, 사람 등 이상의 융합이 있어야 한다. 쉽게 말해서 제조업과 서비스업의 만나는 것이 융합이다. 누구도 생각하지 못한 결과를 만들어낸다. 기존의 빨강, 노랑 그리고 파랑이 섞이면 검은색이 나오듯이 말이다.

4 백만장자의 비결

커뮤니케이션은 서로 관계를 맺고 자신이 가진 내용을 전달하는 것이다. 원활한 커뮤니케이션을 위해서는 관계를 잘 맺고 내용을 효과적으로 전달하는 것이 중요하다. 진정한 커뮤니케이션은 서로를 존중하고 이해해야만 가능하다. 단순히 상대방만 존중해서도 안 된다. 나를 존중하고 상대를 존중하는 것이 핵심이다. 상대방을 존중해야 강점과 장점을 볼 수 있다. 이를 기반으로 커뮤니케이션이 이루어져야 형식적인 관계보다 훨씬 깊고 끈끈한 관계를 만든다. 장점이 지닌 가장 큰 특징은 보려고 하는 사람에게만 보인다는 것이다. 이것이 좋은 리더십이다.

좋은 리더십이란 상대방의 강점을 발견하고 존중하는 것이다. 마크 주커버그는 하버드대 동창들과 관계를 맺으면서 이들이 모여 소통할 수 있는 공간을 만들자는 의도로 페이스북이란 서비스를 만들었다. 구글 역시 스탠퍼드 대학원에서 만난 세르게이 브린과 래리 페이지의 관계의 산물이다.

서로 관계를 맺고 소통하며 새로운 가치를 만들었다. 이런 가치는 결국 내가 얼마나 많은 인간관계를 맺고 있는지에 따라서 달라진다. 결국 내 삶의 인간관계 총합은 나의 가치를 의미하는 셈이다.

다음의 물음에 답해보라. 좋은 리더십의 가치를 살펴보고자 함이다.

나는 어떤 것이든 긍정적인 면을 본다.

나는 상대방의 강점과 장점을 보고 먼저 칭찬을 해 준다.

나는 작은 것에도 감사하는 마음을 갖고 있다.

이는 결국 좋은 소통으로 이어지고 뛰어난 리더십으로 연결된다.

관계의 기술

여전히 사람들에게 '일이 힘드냐? 아니면 사람과의 관계가 힘드냐?'라고 물으면 대부분의 사람들은 사람과의 관계가 힘들다고 말한다. 사람을 이해하고 그들의 협력을 얻어내는 것이 가장 힘든 것이다. 이 역시 시간과 비용과 노력을 기울이어야만이 얻을 수 있는 영역이기 때문이다. 그래서 데이빗 스툽은 "인간관계에서 발생하는 대부분의 문제들은 일종의 완벽주의에서 비롯된다"라고 말했다.

완벽한 자녀와 부모가 없듯이 완전한 사람은 없다. 그러므로 실수, 실패, 잘못을 할 경우에도 '괜찮아!' '그럴 수도 있지!' '나도 그래!'라고 말해 주어야 한다.

MBA 졸업생 1500명을 추적 연구 보고서

마크 알비온이 쓴 〈Making a Life, Making a Living〉이라는 책에는 1960년부터 1980년까지 20년 동안 MBA 졸업생 1500명을 추적한 연구 보고서가 소개돼 있다. 이 연구는 졸업생들을 두 범주로 나누었다. 범주 A에 속한 사람들은 먼저 돈을 벌어 돈 걱정을 해결한 후에 그들이 정말로 하고 싶은 일을 하겠다고 대답했다.

반면, 범주 B에 속한 사람들은 처음부터 관심 있는 일을 하다 보면 돈은 자연스레 따라올 것이라고 대답했다. 1500명 중 범주 A에 속한 사람이 83퍼센트로 1245명이었다. 범주 B에 속한 사람은 17퍼센트로 255명에 불과했다. 20년 후, 그들 중에 101명의 백만장자가 나왔다.

> 20년 후…
>
> 1,500명 중 백만장자 : 101명
>
> 좋은 조건의 직장으로   좋아하는 일을 좇아
> 　　　1명　　　　　　　　100명

　범주 A에 속한 사람은 1명에 불과했고, 나머지 100명은 모두 범주 B에 속한 사람들이었다.

　99퍼센트의 백만장자는 '자신이 좋아하고 하고 싶은 일을 먼저 하겠다'고 대답한 사람들 중에서 나왔다는 연구 결과가 시사하는 바는 자못 크다.

　백만장자들은 하나의 공통점이 있는데, <u>그들은 돈보다는 좋아하고 하고 싶은 일을 먼저 선택했다. 하고 싶은 일로 꿈을 이루기 위해서 누구보다 열심히 노력했다.</u>

　위 연구보고서에서 100명의 백만장자 비결은 무엇이며 세계 부자들 중에서 알고 있는 사례를 적어보라.

휴먼 관계의 중요성

인간관계의 기술에 관한 다음의 몇 가지 사례를 보고자 한다.

미국 카네기 기술연구소 졸업생 가운데 성공한 사람들을 추적해서 성공 비결을 조사한 보고서를 보면 이들은 이구동성으로 성공 비결을 이렇게 말했다.

"전문 지식이나 기술은 성공하는데 15퍼센트의 영향밖에 주지 않았다. 나머지 85퍼센트는 좋은 인간관계에 있었다."

특히 그들은 인간관계를 위해 세 가지 방문을 잘했는데, 그것은 '입의 방문'과 '손의 방문', 그리고 '발의 방문'이다.

여기서 입의 방문은 칭찬을 하고 감사의 표현을 잘 해서 사람의 마음을 부드럽게 하고 용기를 주는 것이고, 손의 방문은 편지나 문자, 메일, 엽서 등을 써서 진솔한 사랑의 마음을 전달하는 것이다. 그리고 발의 방문은 상대가 병들었거나 어려움에 처했을 때 찾아가는 것이다.

미국 실리콘 밸리에서 인포시크 등 4개의 IT업체를 성공시킨 성공한 벤처기업가인 스티븐 케이시는 "내가 사업에 성공할 수 있었던 것은 좋은 인간관계를 맺을 수 있었기 때문이며, 나는

MIT 공대에서 최고의 공학기술을 배웠지만 정작 가장 중요한 인간관계에 대해서는 배우지 못했다"라고 말했다.

그는 IT사업의 성공에 가장 중요한 요인은 뛰어난 기술이 아니라 좋은 인간관계라며 "요즘 나에게 공학기술과 인간관계 기술 가운데 한 가지만을 택하라면 나는 서슴지 않고 인간관계 기술을 선택할 것이다"고 강조했다.

한 번은 하버드 경영대학원 한 교수가 이 대학을 졸업한 전국의 졸업생들에게 공개서한을 썼다. 교수는 어떤 면에서는 학교에서 배운 것들을 다 잊어버릴 필요가 있다고 주장했다. 그는 학교에서의 성공은 시험을 잘 치고 좋은 성적을 받는 것이라고 강조했다. 그러나 학교에서의 평가는 사람들 간 협력이나 그룹의 노력을 간과한다는 것이다.

그는 직장에서의 성공은 '거미줄과 같은 인간관계' 속에서 이뤄진다는 것을 강조했다. 캠퍼스 안에서만 머무는 학문의 한계성을 지적한 것이다.

맹자는 이렇게 말했다.
"무슨 일이든 성취하려면 하늘의 때를 얻는 것보다 땅의 이를 얻는 것보다 인화(人和)[9]를 얻는 것이 가장 중요하다."

---

9) 여러 사람이 마음으로 서로 뭉쳐 화합함.

동서고금을 막론하고 가장 중요한 것은 바로 인간관계 기술이라는 것이다.

당나라 시인 백낙천도 "인생행로의 어려움은 물에 있는 것도 아니요, 산에 있는 것도 아니다. 인간관계의 어려움 때문이다"라고 말했다.

인간관계 십계명

1. 사람들에게 환영한다고 말하라.
2. 사람들을 웃음으로 대하라(찡그리는 데에는 72개의 근육이 필요하지만 웃는 데에는 14개만 사용하면 된다).
3. 그 사람의 이름을 불러라(자기 이름처럼 감미로운 음악은 없다).
4. 친절한 모습을 유지하라.
5. 성심껏 행하라.
6. 진정으로 사람들에게 관심을 가져라.
7. 칭찬은 관대하게, 비판은 조심스럽게.
8. 타인의 감정을 잘 고려하라.
9. 타인의 견해에 신중하라.
10. 남을 위한 일에 기민하게 행동하라(이것이 인상에 남는다).

관계의 3대 법칙

1. 어떤 사람이든 배울 점이 있다.
   모든 사람을 만날 때마다 배울 점을 찾는다.
2. 어떤 사람이든 좋은 점이 있다.
   모든 사람을 만날 때마다 좋은 점을 말한다.
3. 어떤 사람이든 아픔이 있다.
   모든 사람을 만날 때마다 진정한 지지자가 된다.

5 최고의 성공자원

아는 것으로, 한번 인사를 했거나 명함을 주고받는 것으로 관계가 형성되지 않는다. 꼭 식사를 같이 했다고 하여 좋은 관계가 형성되는 것도 아니다.

사람 관계는 일방적으로 이루어지지 않는다. 끌려가는 수동적 관계로는 좋은 관계가 만들어지기가 어렵다. 즉 이기적 사고를 갖고는 호의적이고 친근감 있는 관계를 만들어 갈 수 없다. 이기적 사고가 강한 사람들은 좋은 관계보다는 나쁜 관계에서 악연으로 번지게 되는 경우가 더 많다. 시작은 아부성일지라도 상대에게 맞출 줄 아는 사람이 좋은 관계를 만들어간다.

문을 열기 위해서는 '노크'를 해야 하듯이, 사람의 문을 열기 위해서는 먼저 노크를 해야 한다. 먼저 인사를 건네는 사람, 먼저 칭찬을 하는 사람, 먼저 감사의 표현을 할 줄 아는 사람은 좋은 인상을 남기고 좋은 관계를 맺는다. 관계는 쌍방향 커뮤니케이션이지만 한쪽의 노력으로 좋은 관계를 만들어 가는 것이다.

자신의 인간관계 경쟁력을 강화하는 좋은 방법은 먼저 사람들의 호감을 갖는 것이다. 그래서 인맥의 달인들을 보면 관계를 잘 만들어 가면서 잘 이끌어간다는 것이다. 자신을 내세우려 하기보다는 상대편에 맞출 줄도 알기에 관계를 만들어 가는 것이다.

사람들과 좋은 인맥을 만들어 가고 싶다면 먼저 좋은 관계를 만들어 가도록 노력해야 한다.

좋은 신뢰감을 높이고 인맥의 토대를 만드는 제1의 인자는 〈인사성〉이다. 만났을 때 인사를 잘하는 사람이 사람들의 마음을 밝게 만들고 기분 좋게 만드는 것이다. 이는 그 사람의 예의와 인성을 보여준다. 항상 '감사하다'는 말을 아끼지 말라. 작은 것에도 고마워 할 줄 아는 사람을 보면 따뜻함을 느끼게 된다.

만남과 헤어짐에 인사성은 기본이다.

1962년 월마트 설립자인 샘 월튼(Sam Walton). 세계 최고의 갑부가 되었던 그의 사업 성공비결은 바로 '인사'였다. 학창 시절부터 인사를 잘 했다. 그는 누구에게든지 항상 먼저 인사를 했다. 미소를 지으면서 인사를 했던 겸손한 사람으로 많은 이들에게 존경을 받고 있다. 정말로 성공하고 싶다면 먼저 다가가 웃으며 인사한다.

샘 월튼

세계최고 부강한 미국의 힘은 어디에 있는가?

어떤 상황이든 "감사합니다", "Thank you." "No, Thank you."

영국의 수상을 지낸 윈스턴 처칠 경은 "Attitude is a small thing that makes a big difference.(태도는 커다란 변화를 불러오는 사소함이다.)"라고 말했다. 다음의 위대한 말도 있다.

> "Attitude is Everything."
> (태도가 전부다.)

앤디 스탠리(Andy Stanley)는 "성품은 말보다 더 크게 말한다"고 말했다. 또한 리더가 가져야 할 세 가지 용기가 있다고 하였다.

첫째는, '아니오'라고 말할 수 있는 용기.

둘째는, 현실과 대면하는 용기.

셋째는, 꿈을 꾸는 용기.

이와 같은 세 가지 용기를 가진 리더가 되기를 바란다.

뒤센 미소의 비밀

얼굴 표정에 대한 연구가이며 심리학자 폴 에크만은 인간의 웃음 중에서도 긍정적 정서가 반영된 환한 웃음을 '뒤센 미소'라

이름 지었다.

  하커와 켈트너의 연구에 의하면, 30년간 졸업생 141명을 면밀한 추적 연구조사를 하였다. 우선 졸업 앨범 속에 나타난 사람들의 표정을 전문가들이 정밀 분석했다. 눈 꼬리의 근육이 수축되어 눈이 반달 모양이 되는 환한 뒤센의 미소를 짓고 있는 학생들과 카메라를 보며 인위적인 미소를 지어 보인 학생들이었다.

  환한 긍정적 미소를 지었던 '뒤센 미소 집단'은 '인위적 미소 집단'에 비해 훨씬 더 건강하였으며 병원에 간 횟수도 적었고 생존률도 높았다. 결혼 생활에 대해서도 훨씬 높은 만족도를 보였으며, 이혼율도 더 낮았다. 평균 소득 수준 역시 뒤센 미소 집단이 훨씬 더 높았다. 한 마디로, 같은 해에 같은 대학을 졸업한 여대생들 중에서 뒤센의 미소를 지었던 여성들이 훗날 더 좋은 삶을 살고 있음이 밝혀진 것이다.

지금 거울 앞에 서서 활짝 웃어보라.
활짝 웃는 연습부터 시작하라.

지금 거울 앞에 인사하기 훈련을 한다.
하루에 10번씩 인사하기를 실천한다.

6 리더의 핵심역량(core competency)

손자병법을 경영학적으로 해석해서 서구에 소개한 크라우스는 리더십의 핵심역량을 SPARKLE이라 정의를 내렸다. 이 단어는 '번쩍이다. 활기로 넘치다'라는 의미를 갖고 있다. 그 앞 이니셜로 의미를 담아 보았다.

SPARKLE

S _ 스스로를 관리할 수 있는 자기통제력(Self-Discipline).

P _ 뚜렷하고 분명한 목표지향성(Purpose).

A _ 세운 목표는 반드시 달성하려는 성취의욕 (Accomplishment).

R _ 자신의 말과 행동에 대한 책임감(Responsibility).

K _ 환경변화를 인식하고 대응할 수 있는 전문지식 (Knowledge).

L _ 성원들의 역할과 시너지를 높일 수 있는 조직력 (Leadership).

E _ 언제나 구성원을 선도하고 그 앞에 서려는 솔선수범 (Example).

등의 일곱 가지를 의미하는 말이다.

미래학자 피터 드러커는 "이제 혁신하는 자만이 살아남을 수 있다"라고 말했다.[10] 디지털 혁명의 새로운 사회에서 개인의 사회적 지위와 역할이 바뀌는 것은 당연한 것이며 그것은 사회의 합법적 권력의 강요로 나타난다.

내가 현재 누구이고, 앞으로 무엇이 될지 스스로 선택할 수 있도록 끊임없는 질문을 해보는 것이 필요하다. 또한 자기의 성격을 알고 장단점에 따른 보완 노력을 해야 한다.

체계적이고 사려 깊으며 의도적으로 설정한 목표가 있어야 한다. 자기가 만든 목표는 장기간의 목표와 단기적인 목표를 함께 제시할 필요가 있다. 목표는 구체적이고 도전적일 때 더욱 효과적으로 자신의 행동을 관리할 수 있다. 구체적인 목표가 없다면 어디에도 도달하지 못한다.

목적은 기업이나 개인이 변화하는 시대에 길을 잃지 않고 원하는 미래를 향해 나아갈 수 있도록 방향을 제시하는 '등대'다.

'경쟁자들은 당신의 비즈니스를 파괴하기 위해 어떤 시도를 할까?'

제너럴 일렉트릭의 CEO일 때, 잭 웰치는 직원들에게 '사업방식을 파괴하라'는 사고방식을 가질 것을 주문했다. 이는 다른 누군가가 따라 하기 전에 사업방식을 파괴하고 더 좋은 것을 대체

---

10) 피터 드러커, 이노베이터의 조건, 이재규 역, 서울: 청림출판(2001), p.45.

하라는 의미이다.

리더가 목표를 이루고 리더십을 발휘하여 더 좋은 효과를 누리기 위해서는 자신의 역량을 계발해야 한다. 하버드 대학의 사회심리학자 맥클랜드 교수는 개인의 역량(competency) 측정을 통해서 리더십을 개발하는 방안을 연구하였다. 그는 역량을 '어떤 일을 성공적으로 또 지속적으로 해내는 데 반드시 필요한 개인의 성격, 능력, 그리고 잠재력'으로 정의하고 있다.

그렇다면 당신이 리더로서 개발해야 할 핵심 역량은 무엇인가?
개인의 성과 및 과업수행 가능성을 예측케 하는 핵심역량을 구성하는 각 요소들에 대해서 살펴보자.

맥클랜드 교수가 제시하는 리더십 핵심역량 모델

번호	역량	요구되는 능력
1	커뮤니케이션	대화기법, 적극적 경청, 인적네트워크, 구축, 설득력
2	자신감	자신의 능력에 대한 신념, 업무 추진력
3	목표달성 지향성	높은 목표설정, 목표를 이루는 능력(의지)
4	글로벌리제이션 globalization(국제화)	다문화 역량, 외국어 구사력, 예의, 에티켓, 국제 매너, 글로벌 리더십, 관리능력
5	추진력	책임감, 지도 및 지시력, 융통성, 비전, 전략, 팀워크
6	창조력	독창성, 정보에 대한 관심, 정보수집, 정보전달 능력, 기술

7	분석적 사고력	시간관리, 조직화, 인간관계 분석, 중요도 분석, 통찰
8	변화 관리력	상황변화 인식, 유연성, 고객에 대한 대응, 고객 코칭, 고객 카운슬링
9	조직 로열티	미시 거시적 시각, 복잡성 조절, 다양성 허용, 조직 비전과 가치 공유, 목표 달성을 위한 몰입
10	프로의식(주인의식)	기술적 기능적 전문성, 의사결정 및 판단, 적극적 학습자, 분석적 사고력

다음 아래에 이미 가지고 있는 나의 핵심역량 요소를 아래에 적어보자.

7 리더십의 가치

패러다임 쉬프트(Paradigm Shift)

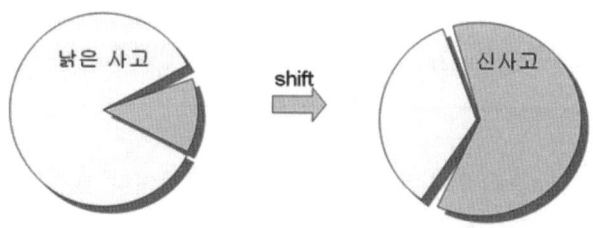

성공한 사람들의 가치를 보면 끊임없이 자기계발을 위해 정성을 다한다. '패러다임 쉬프트(Paradigm Shift)[11]'를 바꾸어야 한다. 패러다임은 '세상을 바꾸는 틀'로서 패러다임을 바꾸면 새 세상이 보인다. 새로운 창조적 삶을 누리게 된다. 생각은 곧 현실이 되기 때문이다.

패러다임의 전환을 위한 7가지의 키워드

1) 관계지향적인 전략

2) 경계를 뛰어넘는 과감한 크로스오버

3) 불가능을 가능으로 만들어주는 모험심

4) 시대를 꿰뚫어보는 놀라운 통찰력

5) 사람과 사람을 이어주는 인문학적 상상력

6) 누구도 생각할 수 없는 파격적인 혁신

7) 상상력을 극대화하는 창조적 스파크

등의 7가지의 키워드를 갖고 기존 사람들을 끌고 가야한다.

그러한 새로운 시대를 끌고 가기 위해서는 패러다임을 전환시켜야 한다.

다음 아래에 나를 중심으로 7면의 다이아몬드를 그려보라. 다음의 패러다임 가치가 나를 지탱해주는 힘이 된다. 리더의 힘을 만들어주는 7면의 다이아몬드를 완성시켜 보라.

---

11) 생각의 틀을 바꾸는 것이다. 기존의 우리의 생각과 고정관념을 깨뜨리는 것이다. '인식 체계의 대전환'이란 뜻이다.

8 가치 비전 리더십

훌륭한 리더가 된다는 것은 세상과 트렌드를 반영한 새로운 멘탈 모델(mental model)을 형성하고 모색하는 과정이라 할 수 있다. 훌륭한 리더들은 끝없는 노력을 통해 자신의 삶의 좌표로서 이 멘탈 모델을 명료히 하고 추구해온 사람들이다. 리더라면 다음의 질문에 답할 수 있어야 한다.

'나는 진정 누구인가?'
'나의 삶에서 꿈꾸는 것은 무엇인가?'
'나의 삶의 목적은 무엇인가?'

이 질문들의 가치를 진지하게 탐구하기 위해서는 다음의 구성 요소를 알아야 한다.

- 삶의 목적(사명mission)

'나는 누구를 위해 왜 존재하는가?'하는 물음으로부터 시작한다. 리더로서 내가 무엇을 위해 왜 존재하는지를 정의함으로서, 자신의 정체성을 명확히 하는 일이다. 인도의 지도자 간디에게 사명은 '불평등 속에서 억압받는 인도의 독립'이었다. 마데 테라사 수녀에게 사명은 '죽어가는 사람들과 함께 하는 것'이었다. 김구 선생님에게 사명은 '일제치하의 민족의 진정한 자주독립'이었다.

나의 사명적기

- 가치(value)

가치는 바람직한 것에 대한 개념으로서 좀 더 구체적으로 동기부여의 힘을 갖는 바람직한 것에 대한 개념이다. 즉 행동을 동기부여 하는 결정요인으로 작용하는 경향을 지닌 바람직한 것에 대한 개념이다.[12]

가치는 삶의 사명을 구현하기 위해 일관되게 지키고자 하는 일종의 행동규범을 뜻한다. 이것은 해야 할 것과 하지 말아야 할 것을 판단하는 기준이며, 진실로 믿고 따라야 할 삶의 원칙이다.

- 핵심 가치(core values)

핵심 가치는 조직문화를 구성하는 신조들로서 조직의 전략이나 의사결정에 영향을 미치는 경영원칙으로 삼는 것이다. 한 사례로 KB금융그룹은 '고객지향', '전문성', '혁신성', '신속성', '성과지향'의 5대 핵심가치를 'KB정신'으로 명명하고 기업문화 속에 내재화하기 위해 노력하고 있다.

---

12) 핫지킨슨, 리더십 철학, 안성호 역, 서울: 대영문화사(1990), p.53.

그렇다면 여러분의 핵심 가치는 무엇인가?

- 비전(vision)

내가 진심으로 꿈꾸고 열망하는 미래는 무엇인가? 비전은 자신이 되고자, 성취하고자 하는 열망으로 중대한 변화의 진전을 보장하는 미래의 모습이다. 그래서 삶의 진정한 행복은 사명과 비전의 균형을 통해 창조적 긴장감을 유지하는 일이다.

비전은 기업이 장기적으로 구현하고자 하는 목표이자 바람직한 미래상으로, 미션에 따라 구체적으로 달성하고자 하는 미래의 모습을 표현한 것이다. 비전의 마력은 학습과 성장의 원동력이 되고, 무한한 잠재력을 발휘할 수 있는 보물창고라는 것이다.

비전은 개인뿐만 아니라 국가를 포함한 모든 조직의 미래 청사진이다. 꿈과 환상이 아닌 희망을 더 구체화해서 이루고자 하는 것이 비전이다. 따라서 비전은 구체적 목적이나 구상의 나침반이다. 사실 비전은 모든 리더십의 기본요소이다.

사스킨(saskin)은 카리스마 리더십의 하나로 비전추구형 리더십을 제시하였다. 이것은 리더가 비전을 설정하고 추구해나가는 데 있어 걸림돌이 되는 조직문화의 혁신에 초점을 두었다.

비전추구형 리더십의 핵심요소를 3가지로 제시한다.

(1) 권력욕과 같은 독특한 개인 특성
(2) 비전 실현을 위해서 조직문화를 혁신하는 것과 같이 조직 운영에 결정적인 충격을 가함
(3) 독특한 행동양식

이러한 요소들을 측정하기 위한 '리더행동질문지(LBQ)'가 개발되었다.

베니스와 나너스는 비전을 통한 임파워먼트를 주장하였다. 이들은 성공한 리더들의 4가지 전략을 소개하면 아래와 같다.
(1) 비전을 통한 주의집중
(2) 효과적인 커뮤니케이션을 통한 의미 창조
(3) 신뢰의 분위기 구축
(4) 스스로 먼저 행하여 모범 보이기

- 미션(임무)

자신이 맡고 있는 구체적인 업무, 자신의 비전을 달성할 수 있게 해주는 당면한 과업을 말한다. 미션은 비전의 달성을 도와주며 비전에 대한 자신의 특별한 기여를 의미한다.

- 전략

비전과 미션을 달성하기 위해 접근 방식이다. 전략은 자원의

배분 및 다른 중요한 결정을 내리는 기준이 된다. 전략은 행동지향적이지만 그것 자체를 특정한 활동이라 정의할 수는 없다.

- 목표

전략과 관련된 핵심적인 이정표를 제공하는 측정 가능한 결과이다. 목표 중 일부는 전략의 수단이 될 수도 있고 한 가지 이상의 전략을 위해 사용되기도 하지만, 각각의 전략은 3-5가지의 목표를 갖고 있다.

- 전술

각각의 목표를 달성하기 위한 특정한 활동이다. 전술은 더 큰 중요성을 가질 수도 있고, 한 가지 이상의 전략을 위해 사용되기도 하지만, 각각의 목표는 3-5가지의 전술을 갖고 있다. 전술은 목표, 전략, 미션을 완수하지 못할 경우 즉각적으로 대체될 수 있다.

- 공감능력

공감능력은 개인마다 차이가 있지만, 특히 남자와 여자의 차이가 두드러진다. 남자는 상대방의 표정이나 감정을 이해하는 능력이 여자에 비해 상당히 떨어진다. 이 차이로 남녀 간의 커뮤니케이션에 있어서 갈등을 일으키는 근본 원인이 되기도 한다.

또 공감능력이 부족한 사람들의 공통점은 표정이 없다는 것이다. 얼굴 표정은 감정의 변화와 직결되어 있다.

- 동기부여

리더십 측면에서 동기부여란 리더가 자극을 주어 팔로어(follower)들이 자발적인 행동 또는 노력을 하게 만드는 것이라고 할 수 있다. 이 같은 동기부여가 리더십 측면에서 중요한 것은 개인의 직무성과는 개인이 갖고 있는 능력과 동기부여의 함수관계에 있기 때문이다.

- 갈등관리

조직에서 갈등은 개인이나 집단 사이에 목표나 이해관계가 달라 서로 적대시하거나 불화를 일으키는 상태를 의미한다. 이러한 갈등은 상하급 직위나 부서 간의 수직적 갈등, 동료 또는 관계부서 간의 수평적 갈등, 지휘관 참모 간의 갈등 등 다양한 형태로 발생한다.

갈등은 조직에 긍정적 영향을 미치기도 하고 부정적 영향을 미치기도 한다. 따라서 리더는 갈등을 완전히 없애기보다 갈등의 역기능을 최소화하는 방향으로 갈등관리를 해야 한다.

나의 가치 비전 리더십 3분 발표하기

9 섬김 리더십의 특징

리더는 설정한 목적이 올바르다는 확신을 가질 필요가 있다. 그 신념이 강하면 강할수록 구성원을 사로잡아 목적을 향해 돌진할 수 있는 힘이 강해진다. 다음 아래의 리더십 15가지 요소들을 연습해 보라.

- ☐ 먼저 자신의 비전을 세운다.
- ☐ 비전을 활성화 시킨다.
- ☐ 훌륭한 의사소통 기술을 익힌다.
- ☐ 조율을 생각해 본다.
- ☐ 다른 사람들에게 당신이 무엇을 하고 싶은지를 알게 하라.
- ☐ 조직적인 준비를 갖춘다.
- ☐ 당신이 부딪칠 상황에 대해 객관적이 되라.
- ☐ 주어진 명분에 헌신적인 자세를 갖추라.
- ☐ 약속은 지킨다.
- ☐ 사람들을 격려한다.
- ☐ 사람들에게 관심을 갖는다.
- ☐ 성장할 기회를 준다.
- ☐ 다른 사람들에게 동기를 준다.
- ☐ 사람들이 용기를 갖게 한다.

□ 계속해서 꿈을 가꾸게 하라.

섬김의 리더십의 특징

섬김의 리더십의 철학은 "이끌기 위해서는 먼저 섬기라"이다. 그린리프는 서번트 리더십의 특징으로 다음과 같이 말했다. 섬김의 역할, 진취적인 성향, 비전과 목표 설정능력, 경청능력, 의사소통능력, 성찰능력, 감정이입, 직관력, 선견지명, 지각력, 설득력, 행동력, 비전실현 재능, 치유능력, 공동체 재건 능력, 사람을 키우는 능력, 권위 등의 특성들을 지니고 있다.[13]

- 섬김의 역할 :

섬김의 역할은 섬기며 봉사하는 역할이다. 이끌기 전에 먼저 섬기고 봉사하라는 것이다.

- 진취적 성향 :

진취적 성향은 도전적이며 진취적으로 적극 나서서 일을 수행하는 성향이다. 현실에 안주하지 않고 미지의 새로운 사업에 진취적으로 뛰어들어 사업을 성공시켜야 한다.

---

13) 천대윤, (2011). 그린리프의 섬김의 리더십 특성에 관한 관리자와 실무자의 인식비교. 〈한국인사행정학회보〉. 10(1): 163-185.

- 비전과 목표설정 능력 :

기업의 바람직한 미래상과 기업이 해야 할 바가 무엇인지를 알고 명확히 설정하는 능력이다.

- 경청능력 :

자신의 입장을 강요하는 것이 아니라 상대방의 말에 귀를 기울일 줄 아는 능력이다.

- 의사소통능력 :

이는 상대방 사원, 고객과의 사이에서 막힘이 없고 대화와 의사소통이 원활히 이루어지는 능력이다. 필히 21세기 리더는 경청능력과 아울러 의사소통 능력을 갖추어야 한다.

- 성찰능력 :

서두르지 않고 한 발 물러나서 시간적 여유를 가지고 의사 결정하는 능력이며 잘못된 것을 반성하고 고치는 능력이다.

- 직관력 :

직관력이란 미래를 투시하는 능력과 직접적으로 대상을 파악하고 분별하는 능력이다. 리더는 사업과 시장과 고객을 파악하고 분별하는 직관력을 가져야 한다.

- 선견지명 :

국내외의 흐름을 파악하고 미래를 내다볼 줄 아는 능력이다.

- 지각력 :

지각력이란 폐쇄적인 태도를 취하는 것이 아니라 세상에 대한 개방적인 태도를 견지하는 능력이다.

- 설득에 의한 리더십 :

이는 윽박지르거나 권력을 휘두르지 않고 차근차근하고 온화하게 사원들을 설득하는 능력이다. 리더에게는 이러한 온화하게 사원들을 설득하는 능력이 필요하다.

- 행동력 :

행동력이란 한 번에 모든 것을 하려고 하지 않고 한 번에 한 행동으로 점진적으로 자신의 목표를 성취하는 행동력이다.

- 비전실현 재능 :

개인이나 기업이 나아갈 이상적인 미래상인 비전을 설정하고 이를 사원들과 함께 공유하고 실현하는 재능이다.

- 치유능력 :

치유능력이란 자신의 감정문제를 치유하며 정신적 건강을 유지하는 능력이며 이를 통해서 사원들의 문제도 치유하며 건강을 유지하게 하는 능력이다.

- 공동체 재건 능력 :
공동체 재건 능력이란 기업가 개인의 이익만 추구하는 것이 아니라 지역사회의 화합과 발전, 더 나아가서는 국가사회에 공헌하는 노력이다.

- 사람을 키우는 능력 :
사람을 키우는 능력이란 인재개발의 중요성을 인식하며 사원들의 능력을 향상시키는 제도를 발전시켜서 사람을 키우고 길러내는 능력이다.

- 권위 :
권위란 강압적인 명령과 지시에 의해서 복종을 요구하는 것이 아니라 합리적인 설득에 의해서 영향력을 행사하여 자발적인 존중과 추종을 불러일으키는 권위이다.

다음 아래에 내가 갖고 있는 섬김의 리더십 특징 요소를 적어보고 그 사례를 나누어 보자.

10 두 걸음 전진을 위한 한 걸음 후퇴

 잠깐 하던 일을 멈추고 앞으로 내가 어떻게 살 것인지를 생각해 보도록 하자. 나를 되돌아보는 점검의 시간을 통해 지혜를 얻고 앞으로 나아가자. 소크라테스는 "자기 점검이 없는 삶은 가치가 없다"고 말했다. 아리스토텔레스도 "계획성이 없는 삶은 살펴볼 가치가 없다"라는 말로 자신의 깨달음을 이야기했다. 조지 워싱턴은 "우리가 과거의 실패를 통해서 유용한 교훈을 얻지 못한다면 과거를 돌아보지 말아야 한다"라고 말했다.
 이것을 종합해 보면, 묵상하기란 좀 더 지혜를 가지고 앞으로 나아가기 위해 잠시 하던 일을 내려놓고 뒤를 돌아보는 것이다.

한 발짝 깊이 들어가기

 지난 한 주간, 한 달 동안 당신의 삶에서 매끄럽게 잘 진행되었던 것들을 찾아 왼쪽 칸에 써 보자. 오른쪽 칸에는 매끄럽게 진전하지 못한 것들을 써 보자.

진전을 보인 것들	오히려 후퇴한 것들

나의 결단

　일보 뒤로 물러나서, 반동을 주어 더 멀리 뛰는 운동을 하듯이, 부족한 것이 무엇인지 볼 수 있는 자세가 중요하다. 운동에서 멀리뛰기를 위해 뒤로 뒷걸음질을 한다.

창의적 능력을 일으키는 긍정의 힘
　긍정적 정서가 창의성과 문제해결 능력을 현저하게 향상시킨다. 심리학자들은 창의성과 문제해결 능력을 시험해보는 다양한 문제들을 개발했는데, 그 중 하나가 '촛불 문제'이다. 이는 던커(Karl Duncker)가 개발한 문제이다.

학생들에게 그림에서 보는 것처럼 성냥 한 갑과 압정 한 상자, 그리고 양초 하나를 나누어주었다. 그리고는 이 초를 교실 벽에 붙여 불을 밝히되, 촛농이 책상 위나 교실 바닥에 떨어지지 않도록 하라는 과제를 주었다.

여러분도 풀어보라. 그리고 방법을 설명해보라.

이 문제를 풀기 위해서는 생각을 통해 '창의성'을 발휘해야 한다.

이를 '기능적 고정성의 극복(functional fixedness)'이라고 한다. 압정 상자의 기능적 고정성을 극복해서 창의성을 갖고 풀어야 한다. 압정 상자를 양초 받침대로 쓰는 것이다. 고정성을 극복하는 과정이 바로 창의성과 긍정성을 높인다는 것을 알 수 있다.

결국 긍정적 정서가 문제 해결의 능력을 높인다는 것이다. 기능적 고정성의 극복에서 요구되는 것은 고정관념의 파괴이다. 긍정적 정서는 좋은 사람을 만들고 창의적 결과를 만든다. 사고의 유연성을 높여주고 창의성과 문제해결능력을 향상시켜준다. 또한 집중력과 기억력을 증가시켜 인지능력의 전반적인 향상을 가져온다.

결과 이미지

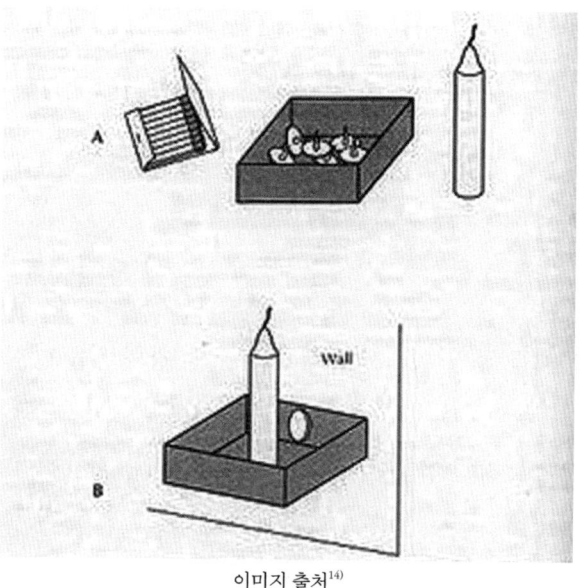

이미지 출처[14]

---

14) http://pds21.egloos.com/pds/201106/14/81/e0066181_4df685b095fa4.jpg

11 자기완성을 위한 7가지 성공습관

한 개인의 성장단계는 다음과 같이 세 단계로 구분할 수 있다. 첫째, 자기발견. 둘째, 자기도전. 셋째, 자기완성이다.

자기발견은 자기 자신에 대한 신뢰성 차원이며, 자기도전은 비전과 열정에 관계된다. 사전적으로 자기완성이란 자기의 인격을 완전한 것으로 만드는 일을 말한다.[15]

철학의 목적은 자기 자신을 바로 아는 것이다. 사는 것이 중요한 것이 아니라 바로 사는 것이 더 중요하다. 바로 산다는 것은 나와 세상과의 조화된 삶이다.

공자는 자기완성의 의미로 개인 인격의 완성과 이상적인 사회의 실현을 강조하면서 〈인·의·예·지〉 4덕을 강조하였다. 사람이 마땅히 갖추어야 할 네 가지의 성품, 어질고 仁, 의롭고 義, 예의 바르고 禮, 지혜로움 智을 이른다.

공자가 생각한 이상적인 인격은 내면적인 덕성과 그 덕성을 이상적으로 표현하는 교양을 함께 갖추는 것이었다.

이에 해당하는 논어의 〈옹야〉편에 표현은 '문질빈빈 文質彬彬'이다. 뜻을 보면 '소박한 꾸밈과 교양, 그리고 인간적인 바탕이 아름답게 조화를 이룸'이라는 의미이다. 그러므로 자기완성은 내면적 덕성과 외적인 교양을 조화롭게 갖추어야 한다.

---

15) 브리태니커 백과사전

스티븐 코비의 자기완성 모델

〈성공하는 사람들의 7가지 습관〉의 책은 32개 언어로 번역되어 70개국에서 2500만 부, 한국에서만 110만 부 이상 판매되었다. 이 책의 핵심은 얄팍한 처세술로는 성공할 수 없으며 철학과 원칙이 있어야 성공 할 수 있음을 강조한다. 이의 실천방법을 제시하며 성공하는 사람들의 7가지 습관을 밝히고 있다.

습관1_내 안에서부터 시작하는 **자기 주도적 인생관**을 가진다.
 • 패러다임 : 자기결정
습관2_자기 주도적 삶의 자세를 통해 **목표와 결과를 예측하며 일을 추진하는 습관**을 가진다.
 • 패러다임 : 집중하기
습관3_목표에 가깝고 중요하며 **실천 가능한 순서로 우선순위를 정하고** 그 순서대로 일하고 살아간다.
 • 패러다임 : 우선순위, 행동
습관4_상생 모델을 만들어 **상호관계를 구축**한다.
 • 패러다임 : 풍요
습관5_모든 소통에서 **먼저 듣고(이해하고)** 말한다(이해시킨다).
 • 패러다임 : 용기, 배려
습관6_이를 통해 나와 상대의 관계를 +알파가 있는 **시너지 관계로 변환**시킨다.

• 패러다임 : 차이점을 소중히 여기기

습관7_이 모든 것을 **끊임없이 쇄신**하며 나아간다.

• 패러다임 : 전인적 인간

우선 자기완성을 위해서는 7가지 습관 중에서 습관 1,2,3을 길들여야 한다.

〈자기완성을 위한 7가지 성공 습관〉

1단계	의존적 단계	습관 1, 2, 3
	● 독립적 단계(씨 뿌리기) - 성품 성숙의 본질이 된다. - 개인적 승리를 이끈다. - 대인관계의 승리를 만든다.	
2단계	상호의존성 단계	습관 4, 5, 6
	● 대인관계의 승리(인성적 리더십) - 팀워크, 협동, 커뮤니케이션 - 인성의 기초를 이룬다. - 좋은 성품을 위한 습관의 단계이다.	
3단계	재충전의 습관	습관 7
	● 인성적 리더십의 균형 잡힌 쇄신을 의미한다. - 습관 1, 2, 3을 갖추어질 때 까지는 대인관계를 자제하는 것이 좋다. 고쳐야 할 성품이나 습관을 바꾸고, 관계를 맺어야 강력한 영향력을 발휘할 수 있다.	
4단계	습관의 내면화	
	- 이는 10년 이상의 많은 시간이 지나서야 가치가 들어난다.	

코비는 책 발간 후 15년이 지나서 8번째 습관으로 〈내면화〉를 추가하였다. 즉 빠르게 변화와 혁신을 하고 있는 사회에서 역할과 재능을 발휘하려면 한 순간에는 불가능함으로 습관의 내면화를 가져야 한다고 하였다.

여기서 말하는 〈습관의 내면화〉는 '비전, 규율, 열정, 양심(윤리), 태도, 인품'을 말하는 것이다. 바로 급변하는 사회에서 도덕과 가치, 기본이 중요하다는 것을 말하고 있다.

목표달성 법칙

1회 강연료가 무려 5억에 달한다는 브라이언 트레이시의 목표달성법칙 7가지이다. IBM, 포드, 제록스, 휼렛패커드 등 500여 기업의 경영 컨설턴트인 브라이언 트레이시의 아주 구체적이고 실질적인 법칙이다.

1단계 : 본인이 정확히 원하는 바가 무엇인지 결정하는 것.
2단계 : 목표를 메모하는 것(표어, 슬로건).
3단계 : 기한을 정하는 것.
4단계 : 리스트를 만드는 것.
5단계 : 리스트를 정리하는 것.
6단계 : 바로 계획을 실천에 옮기는 것.
7단계 : 무엇이라도 행동하고 계획을 매일 실천해 나가는 것.

긍정적 자아상을 높이기 위한 요소 5가지

(1) 소속감 : 애착심

　내가 어디에 소속되었다는 것은 자신감을 만들어 낸다.

　소속감을 갖게 될 때 안정감을 갖게 된다.

(2) 자부심 : 자긍심

　자부심은 성공과 실패의 열쇠이다.

　지금 나의 모습에 가치 있음을 갖는다.

(3) 담대함 : 자신감

　담대함은 두려움을 극복하는 힘이다.

(4) 사명감 : 책임감

　이 땅에 특별한 목적을 갖고 태어났다는 사명이다.

　내가 반드시 성취해야 할 목적이 있다.

(5) 능력 : 실력, 전문가

　자신이 갖고 있는 능력을 발휘하게 한다.

사람은 누구나 다 한 가지 이상 재능과 은사를 갖고 있다.

12 휴먼Human 인성

돈이나 그밖에 어느 것보다도 첫째가 품성이다.
돈으로도 품성은 살 수 없다.

- 제이 피 모르건

리더십의 대상은 '사람'이다. 세상에서 다루기가 가장 어려운 존재가 무엇일까? 역시 '사람'이다. 좋은 품성을 가진 사람들은 항상 칭찬과 격려를 잘하고 긍정적 생각을 지니고 희망의 말을 하며 즐겁게 삶을 살아가는 사람들이다. 이들은 말과 행동에 일관성이 있어 신뢰할 수 있다. 그러므로 품성 계발이 무엇보다 중요하다.

이는 내적 가치를 갖추어야 외적 가치를 얻을 수 있다.
- 내적 가치 : 봉사, 우정, 사랑, 헌신, 신뢰 등
- 외적 가치 : 돈, 권력, 직위, 명예, 영향력 등

사람의 성품은 형형색색(形形色色)의 실로 짠 하나의 옷감과 같다. 멀리서 보면 한 가지 색깔만 보이지만, 가까이 가서 자세히 살펴보면 다양한 색깔의 실이 혼합되어 전체적인 배합을 이루고 있음을 알 수 있다. '십인십색(十人十色)'이라는 말처럼, 사람들은 모두 제 각각 성격이 다르고 사물을 보는 시각이나 사고

방식도 다르다. 이런 사람들과 조화를 이루는 것이다.

성격과 성품

사람에게 성격(Personality)이 있고 성품(Character)이 있다.

〈성격〉은 각 개인이 가지고 있는 특유한 성질로서 자신을 나타내려는 이미지다. 그러나 〈성품〉은 사람 됨됨이를 말하는 것으로서 인격이며 인성이다. 즉 인간성(humanity, 人間性)을 의미한다.

아리스토텔레스에 의하면 인간은 혼자서 살 수 없는 사회적 동물로서 호모 폴리티쿠스(정치적 인간)의 특징을 지닌다.

르네상스 시대 이후 프로이트가 무의식을 발견하기 전까지는 인간이 이성적인 사고를 하고 합리적인 행동으로 이를 실천에 옮긴다고 하는 호모 사피엔스의 관념이 사회 전반에 지배적이었다. 그러나 프로이트의 정신분석이 나타난 이후 인간의 비이성적·본능적인 면이 폭넓게 조명되었으며 이에 따라 인간성에 대한 논의가 다시 활발해졌다.

사람의 각 개인 안에는 다양한 성품이 녹아들어 있다.

성품의 종류를 보면 이렇다. 경청, 긍정적인 태도, 기쁨, 배려, 감사, 웃음, 인사, 책임감, 인내, 순종, 절제, 창의성, 정직, 지혜 등등. 이는 인간이 가장 필요한 핵심 성품의 종류로 꼽는다.

성품은 다른 사람들과의 관계를 맺는 과정 속에서 여실히 드러난다. 특히 성품은 살아가면서 위기가 닥쳤을 때 빛을 발한다. 그래서 성공의 첫 번째 조건은 상대방에게 품위와 예의를 갖추는 것이다.

만나는 사람이 예의가 없고 품격이 없으면 금세 싫증이 나기 마련이다.

이 세상 어느 누구도 품위와 예의 없는 사람을 좋아하는 사람은 없다. 그러나 예의를 갖추어 상대방을 대하면 자신보다 더 뛰어난 사람과 교제할 수 있다.

호감을 사는 7가지 성품

1. 다른 사람에게 관심을 갖는 습관을 기른다. 그리고 그들의 장점을 칭찬한다.
2. 대화할 때 설득력과 확신을 줄 수 있는 능력을 계발한다.
3. 자신의 신체 조건과 자신이 하는 일에 어울리는 복장을 갖춘다.
4. 당신이 원하는 성격을 선정하고 그에 맞게 적극적으로 성격을 개조한다.
5. 따뜻한 감정과 정열을 표현할 수 있는 인사 기술을 익힌다.
6. 자신의 유일한 한계는 자신의 마음속에 선정하는 것뿐이라는 사실을 깨닫는다.

7. 다른 사람에게 호감을 가짐으로써 호감을 갖게 한다.

성품 자가 진단하기

번호	진단내용	yes	no
1	성품은 변화, 신뢰, 가치, 리더십을 추구한다.		
2	좋은 성품계발은 개인과 가정 나아가 사회 공동체를 바꾸어가는 힘을 갖게 한다.		
3	좋은 품성은 후천적 성격, 덕성, 인격 등의 태도로 나타난다.		
4	성품계발 훈련은 직장과 사회에서 성공할 수 있는 기본이다.		
5	좋은 성품은 행복한 삶과 높은 성과로 가정과 직장에서 존경받는 사람이 된다.		
6	좋은 성품의 가치는 금보다 더 가치가 있고 돈으로도 살 수 없다.		
7	잘못된 성품은 가정과 직장, 인간관계에서 문제를 야기 시킨다.		
8	나는 듣기가 우선이고, 상대방을 격려하고 칭찬하는 데 익숙한 편이다.		
9	나는 말과 행동이 일관성 있는 기준을 갖고 사람을 대한다.		
10	나는 주변으로부터 받은 혜택은 항상 감사의 말을 한다.		

위에서 체크된 항목은 자신이 부족한 부분을 성찰하고 집중적으로 개선하는 기회로 삼자. 얼마든지 의지를 갖고 훈련하면 좋은 성품으로 계발된다.

13 리더의 동기부여(motivation) 리더십

성공은 당신이 가진 잠재력을 극대화하는 것이다.

_ 지그 지글러[16]

10년 전 알고 지내는 한 사람에게 직업을 물어보니 '동기부여가'라는 것이었다. 당시 너무도 생소한 분야였기에 어리둥절하였다.

'동기부여(motivation)'란 어떤 목표를 지향하여 생각하고 행동하도록 하는 일이다. 행동의 방향성을 정하는 요인과 그 행동의 정도를 정하는 요인으로 분류할 수 있다. 한 예로 어떤 사람이 위험한 높은 산을 오르고 있다. 거기엔 다 이유가 있다. 인정, 보상, 응원, 분명한 목표 등의 자극을 주어 행동하는 이유가 있을 수 있다.

자연발생적 동기부여는 호기심이나 관심에 의해 초래되는 동기부여이며, 상벌에 의존하지 않는 행동이다.

외부발생적 동기부여는 의무, 상벌, 강제 등에 의해 초래되는 동기부여이다. 자연발생적인 동기부여에 근거한 행동은 행동

---

16) 지그 지글러(Zig Ziglar1926-). 미국의 소설가, 동기부여가, 연설가, 자기계발가, 성공학의 대가로 〈정상에서 만납시다〉로 수많은 독자를 확보하고 있다. 그는 성공(Success)이라는 표현보다 정상(Top)이라는 표현을 더 자주 사용하고 더 좋아한다. 그래서 그의 책 제목의 대부분은 Top이라는 글자가 들어가는데, 지그 지글러는 먼저 우리에게 우리 인생의 정상, Top은 무엇이라는 의문을 던지며, 우리 인생에서 필요한 성공, 정상이 물질적인 것, 명예, 권력, 성취 만이 아니라는 점을 분명히 지적했다.

그 자체가 목적이지만, 외부발생적 동기부여에 근거한 행동은 어떠한 목적을 달성하기 위한 것이다. 조직의 회사가 보다 좋은 성과를 내기위해서는 자연발생적 동기부여를 발휘해야 한다.

그러므로 '동기'란 조직의 목표 달성을 위한 개인 노력의 강도, 방향, 지속성을 설명하는 과정이다. 강도는 목표달성을 위해서 노력하는 정도이다. 방향은 조직이 추구하는 방향으로 노력을 기울이도록 하는 것이다. 지속성은 노력이 얼마나 오랫동안 지속되는가이다.

동기부여 이론의 분류
- 내용이론 : 동기부여를 일으키는 요인(what)
- 과정이론 : 동기부여가 일어나는 과정(how)

매슬로의 욕구단계 이론(Hierarchy of Needs theory)

에이브러함 매슬로(Abraham Maslow)

인간의 동기유발과 관련해서 가장 널리 알려지고 큰 영향을 미친 이론은 심리학자 에이브러햄 매슬로(Abraham Maslow)[17]의 욕구단계 이론(Hierarchy of Needs theory)이다.

매슬로(H.A.Maslow)가 심리학에 기여한 제1의 공헌은 그가 자주, 가장 높은 욕구로 맨 위층에 자아실현의 욕구를 갖는 피라미드로 표현했던 그의 인간 욕구 단계설이다. 피라미드의 맨 아래층은 생존을 위해 필요한 생리적 욕구들이다. 일단 이것들이 해결되면, 개인은 두 번째 층인 안전의 욕구에 집중할 수 있다. 세 번째 층은 애정과 소속감을 위한 욕구이고 존경을 위한 욕구가 뒤따른다. 마지막으로, 자아실현이 피라미드의 꼭대기 층을 이룬다.

1. 생리적 욕구(physiological): 배고픔, 갈증, 성욕.(의식주)
2. 안전의 욕구(safety): 육체적, 심리적으로 상처받지 않기를 바라는 욕구.
3. 사회적 욕구(social): 애정, 소속감, 우정, 수용되기를 바라는 욕구.
4. 존경(esteem): 자기존중, 자율성(autonomy), 성취감 같은 내적인(상위의) 존경과 사회적 지위, 타인의 인정과 관심에 대한 욕구 등의 외적인(하위의) 존경.

---

[17] 에이브러햄 해럴드 매슬로(Abraham Harold Maslow, 1908.4.1.~1970.6.8)는 미국의 심리학자이다.

5. 자아실현의 욕구(self-actualization): 존재의 가능성을 완전히 구현하고자 하는 욕구. 잠재력의 완전한 활용, 자기충족적 상태에 이르고자 하는 욕구.

매슬로의 욕구단계 피라미드

다섯 가지 욕구는 동시에 발생하는 것이 아니라 순서에 따라 하위욕구가 충족되면 상위욕구가 발생된다.

다음 아래에 매슬로 욕구단계이론에서 저차원 욕구와 고차원 욕구를 구분하여 작성해 보라.

저차원 욕구	
고차원 욕구	

* 정답[18]

다음의 이미지는 어떤 욕구를 의미하는 것인가?
매슬로의 욕구단계에서 몇 번째인가?

....

....

---

18) 저차원 욕구: 생리적 욕구, 안전 욕구
　　고차원 욕구: 사회적 욕구, 존경 욕구, 자아실현 욕구

목표설정 개념의 세 가지 차원

1. 개인이 달성하고자하는 행위의 목적을 조직이 일방적으로 할당한다(Assigned goal).
2. 동료나 상사와 협의하여 결정한다(Participative goal).
3. 개인 스스로 설정한다(Self-set).

목표설정이론의 적용단계에서의 유의점

1. 목표는 측정가능하고 계량적이어야 한다.
2. 목표는 구체적이어야 한다.
3. 목표는 기대되는 결과를 확인할 수 있어야 한다.
4. 목표는 각 관리자 또는 조직단위의 능력범위 내에 있어야 한다.
5. 목표는 현실적이고 달성 가능해야 한다.
6. 목표는 그 달성에 필요한 시간의 제한을 명확히 나타내주어야 한다.

〈생각 나누기〉

성과를 높이는데 기여할 수 있는 과업목표의 6가지 속성을 보면, 목표의 구체성, 목표의 곤란성, 목표설정에의 참여, 노력에 대한 피드백, 동료들 간의 경쟁, 목표의 수용성 등이 있는 데, 여기서 '목표의 곤란성'의 필요성을 아래에 자세히 적어보라.

* 설명[19]

---

[19] 쉬운 목표보다는 다소 어려운 목표가 도전감을 가져오고 문제해결에 많은 노력을 집중하도록 자극하기 때문에 성과를 높이는데 유리할 수 있다. 물론 이것은 성장욕구가 강한 사람에게 보다 적용 가능한 논리이다.

14 성공 피라미드(the Pyramid of Success)

'88연승의 비밀'은 존 우든 감독처럼 연속 승리의 비밀을 알려주고 있다. 우든 감독은 오랫동안 최고의 성과를 내기위해서는 무엇을 해야 하는가를 찾았고 그 해답을 얻는 데 15년이 걸렸다. 그렇게 수많은 시행착오 끝에 마침내 만들어진 것이 '성공 피라미드'다.

성공 피라미드는 성공에 필요한 15개 블록을 말한다. 여기에는 〈근면, 우정(신뢰), 충성심, 협동심, 열정, 자제력, 기민함, 진취성, 집념(신념), 컨디션, 기술, 팀정신, 평정심, 자신감, 위대한 경쟁력〉 등이 있다.

나는 여기에다 5개의 성공 자질을 추가하여 2개의 성공 피라미드를 만들었다. 5개의 성공 자질은 〈긍정생각, 배려, 격려, 소통, 창의력〉 등이다.

우든 감독은 성공 피라미드의 조건을 갖춘다면 88연승은 물론, 성공적인 인생을 살 수 있는 가능성이 더 높아질 수 있다고 주장한다.

우든 감독은 어린 시절 아버지인 휴 우든이 가르쳐준 7가지 과제를 실천한다면 누구든지 성공 피라미드를 쌓을 수 있다고 설명한다.

2장 인성 리더십의 가치

어떤 상황에서도 꼭 지켜야 할 7가지 과제(신조)

- 자신에게 진실해야 한다.
- 매일 최고의 날로 만들어라.
- 다른 사람을 도와라.
- 좋은 책을 많이 읽고 성경을 벗삼아 정독하라.
- 친구와의 우정을 예술작품처럼 생각하고 가꿔라.
- 힘든 날을 대비해 대비책을 마련해둬라.
- 날마다 앞길을 인도해달라고 기도하고 지금 주어진 축복에 감사하라.

성공의 피라미드 정상에 오르면 더 멀리 볼 수 있는 안목이 생기며, 더 많은 사람들이 정상에 선 자신을 볼 수 있는 기회가 주어진다. 그'만큼 성공할 기회가 많아지게 된다.

이미지 출처-구글

〈실천 과제〉

1) 우든 감독이 만든 성공의 피라미드(the Pyramid of Success)의 15가지 요소와 정병태 박사가 제기한 5가지 성공 자질을 합쳐서 20가지의 성공 블록을 쌓아서 성공 피라미드를 완성시켜 보라. 2인 1조가 되어 블록을 쌓고 그 이유를 설명해 보라.

2) 우든 감독의 인생철학은 아버지께서 어린 시절 주신 7가지의 신조에서 부터였다. 그 7가지 과제를 아래에 적어보라.

1. _____
2. _____

3. _____
4. _____
5. _____
6. _____
7. _____

3) 20가지 성공 피라미드를 쌓은 자질 블록을 모두 영어로 그 단어를 쓰고 외우고 정의를 적어보라.

> 예) 협동심 : cooperation :
> 자기방식을 고집하지 않고 팀을 위해 최선의 방법을 찾고자 하는 자세이다.

• 열정 :

• 우정 :

• 근면성 :

• 충성심 :

15 독창적인 사고방식 _ 역경을 딛고

"세상은 아는 만큼 보인다!"라는 말이 있다.

현명한 사람은 실패를 겪으면서 그것이 가져다줄 유익을 알고 또 볼 수 있다. 실패라는 벽돌을 디딤돌로 이용했을 때는 자신을 한 단계 올려놓을 수 있지만, 반대로 실패라는 벽돌이 걸림돌이 되어 채여서 넘어지면 좌절하게 되고 또 다른 시련을 겪어야 한다.

〈회복 탄력성〉이라는 말이 있다. 사람에게는 회복 탄력성이라는 것이 있는데, 이는 시련이나 역경을 딛고 다시 용수철처럼 튀어 오르는 능력을 갖고 있다는 의미이다. 그래서 똑같은 시련이 닥쳤을 때 어떤 이는 잘 견디고 오히려 그 시련을 기회의 발판으로 삼는 반면에 어떤 이는 그로 인해 좌절하거나 무너져버리는 경우가 있다.

회복 탄력성이 높은 사람은 역경과 마주쳤을 때 유리잔처럼 깨지지 않고 고무공처럼 튀어 올라, 오히려 역경을 디딤돌 삼아 더 높이 오르게 된다. 고난과 시련을 통해 오히려 내가 왜 살아야 하는가, 어떻게 살아야 하는가, 그리고 무엇을 이루어야 하는가 하는 성찰을 하게 된다.

역경은 인생 성공의 가장 결정적인 요인이다. 손정의가 그랬고 경영의 신이라 불리는 마쓰시타 고노스케가 그랬다. 그의 최고의 명언. "내가 성공할 수 있었던 이유는 몸이 약했고, 많이 배우지 못했고, 가난했기 때문이다."라는 말을 남겼다. 역경은 도리어 성공을 가져오기도 한다. 손정의는 역경 속에서 자랐다.

역경은 "이제 올라갈 일만 남았다."는 의미이다.

손정의는 심각한 만성간염을 갖고 있었다. 그래서 3년 동안 입원과 퇴원을 반복하며 투병 생활을 했다.

노자의 가르침에 따르면, 큰 그릇이란 이미 완성된 것이 아니라 완성해나가는 무한한 과정이라 했다. 성공이란 완성된 상태를 말하는 것이 아니라 더 나음을 향해 끝없는 과정인 것이다.

사람이 지닌 자질

세계적으로 저명한 의료 선교사였던 알버트 슈바이처는 "본보기는 다른 사람에게 영향을 미치는 요소 전부인 것이다"라고 말했다. 긍정적인 자세는 자신감을 갖게 되고 곧 불타오르는 불씨를 만든다. 그래서 탁월한 사람들은 어느 곳에 가서 일하더라도 탁월한 인물로 실력을 발휘한다.

다음의 간단한 물리학의 원리를 기억하도록 해보자. 물은 섭씨 100도가 되어야 끓는다. 99.5도가 되었을 때의 물은 그냥 뜨거운 물에 불과하다. 겨우 0.5도밖에 차이가 나지 않는다. 이 차이가 성공의 성패를 가름한다.

리더는 새로운 환경에 가속도를 더해 환경 변화의 주도자가 되어야 한다.

여러 분야에서 성공한 사람들을 유심히 살펴보았다. 그들의 성공의 비결은 다름 아닌 성적이 아닌 열정, 추진력, 단호한 결심, 소망에 의해 성공하였음을 확인할 수 있었다. 사실 사람 안에 유심히 살펴보면 누구나 다 엄청난 기질들을 가지고 있다.

다음 아래에 열거한 자질들은 성공하도록 만드는 요소들이다. 그 특성을 적어보라. 그리고 나는 아래의 성공적 자질 항목에 몇 개나 해당되는지 점검해 보자.

성공자질 갖추기

- 좋은 성격 :

_____

_____

- 적극성 :

_____

_____

- 섬기는 자세(긍정) :

_____

• 성장 가능성 :

• 자신감 :

• 철저함 :

• 충성스러움 :

• 탄력성 :

• 통전성(integrity) :

....

....

• 거시적 안목 :

....

....

• 절제력 :

....

....

• 감사하는 자세 :

....

....

• 뛰어난 관계력 :

....

....

- 경력, 경험 :

- 자기관리 :

- 훌륭한 대화술 :

- 확고한 비전의식 :

- 신실함[20] :

---

20) 믿을 수 있고, 헌신되어 있으며, 행동이 일관된 사람이다.

- 적극성[21] :

  _____

  _____

- 배우려는 자세[22] :

  _____

  _____

- 정직함[23] :

  _____

  _____

위와 같은 자질을 계발하면 좋은 리더에서 위대한 리더로 성장하게 된다. 리더로서 리더십의 부족한 자질들은 계발을 가속화하여 도전하고 적극적으로 배움을 갖는다.

다양한 만남과 경험 갖기

리더로 자라고 싶다면 성장의 기회를 가져야 한다. 자기 분야

---

21) 호기심이 강하고, 성장하는 데 적극적인 사람이다.
22) 나의 지도 스타일을 이해하고 가르침을 잘 받아들이는 사람이다.
23) 솔직하며 진실되게 다른 사람들을 키우기 원하는 사람이다.

에서 성공한 사람들을 만나 사귈 수 있는 기회를 갖고, 경험 많은 리더를 많이 만나라. 이것이 리더를 세워주고 키우는 지혜이다.

　사람들이 발전하고 계발되는 데 있어서 다양한 경험처럼 좋은 자양분은 없다. 다양한 경험과 만남을 통하여 사람들은 성장하고 뻗어 나가며 배우게 된다. 그리고 창의성을 발휘할 수 있는 기회를 얻게 된다.

　워런 베니스(Warren Bennis) & 버트 나누스(Burt Nanus)는 다방면에서 성공한 70명의 최고 리더들을 연구하였다. 이 연구를 통해 그들은 "리더와 리더가 아닌 자의 차이는 자신을 계발하고 기술을 향상시키는 능력의 차이다"라고 말했다. 그러면서 그들이 내린 결론은 "리더란 평생 배우는 자"라는 것이다.

16 리더십 자질 평가서

　미국의 20대 대통령으로 당선되기 전 제임스 가필드는 오하이오주에 있는 히람 대학 학장이었다. 학부형 한 사람이 학교에 찾아와서 자기 아들이 학교를 빨리 졸업할 수 있도록 학과 과정을 간단하게 해 줄 수 있느냐고 물었다. 가필드는 이렇게 대답했다. "그럼요. 그러나 아드님을 어떤 사람으로 만들기를 원하시느냐에 따라 달라질 수 있습니다. 참나무 한 그루를 만들기 위해 100년이 걸리는 데, 호박 하나 만들기 위해 두 달이 걸리게 됩니다."
　리더는 학습을 통해 서서히 성장하고, 다양한 경험을 통해 깊고 넓게 뿌리를 내리며 튼튼하게 성장하는 것이다.
　다음의 아래에 나는 리더의 자질을 얼마나 갖고 있는지 점검해 보자.

리더십 자질 평가서

0점-최하/1점-중간보다 못함/2점-중간/3점-최고보다는 못함/4 점-최고

1. 영향력이 있다.　　　　　　　　　0 1 2 3 4
2. 자기 절제를 할 줄 안다.　　　　　0 1 2 3 4
3. 경력이 화려하다.　　　　　　　　0 1 2 3 4
4. 대인관계가 뛰어나다.　　　　　　0 1 2 3 4

5. 문제해결능력이 있다. 0 1 2 3 4
6. 현재 상태에 자족하지 않는다. 0 1 2 3 4
7. 전체적인 틀을 본다. 0 1 2 3 4
8. 스트레스 관리를 잘한다. 0 1 2 3 4
9. 성격이 적극적이다. 0 1 2 3 4
10. 다른 사람들을 잘 이해한다. 0 1 2 3 4
11. 개인적인 문제를 일으키지 않는다. 0 1 2 3 4
12. 책임을 질 줄 안다. 0 1 2 3 4
13. 화를 내지 않는다. 0 1 2 3 4
14. 긍정적인 변화를 유도한다. 0 1 2 3 4
15. 진실하다. 0 1 2 3 4
16. 신앙생활을 모범적으로 한다. 0 1 2 3 4
17. 다음에 무슨 일을 해야 할지 잘 파악한다. 0 1 2 3 4
18. 다른 사람들에게 리더로 인정받고 있다. 0 1 2 3 4
19. 계속 배우려는 열망과 능력이 있다. 0 1 2 3 4
20. 좋은 매너로 다른 사람을 끈다. 0 1 2 3 4
21. 건강한 자아상을 지녔다. 0 1 2 3 4
22. 다른 사람을 섬기려는 의지가 있다. 0 1 2 3 4
23. 문제 대처능력이 높다. 0 1 2 3 4
24. 다른 리더를 개발하는 능력이 있다. 0 1 2 3 4
25. 진취적인 사람이다. 0 1 2 3 4

결과(총점) :

- 90점 이상 : 탁월한 리더
- 80점 이상 : 좋은 리더
- 70점 이상 : 성장하고 있는 리더
- 60점 이상 : 잠재력이 엿보이는 리더

현재의 결과에 관계없이 다시 3개월 이후에 리더십 자질 평가서를 점검해 본다. 분명 훌륭한 리더로 성장해 있는 당신의 모습을 보게 될 것이다.

17 리더십의 역량 진단하기

세계적 거부로 유명한 빌 게이츠와 워런 버핏이 1998년에 워싱턴 대학에서 초청강연을 하였다. 강연 후 사람들로부터 "두 분은 어떻게 큰 부자가 될 수 있었는지?"를 물었다. 그 묻는 학생들의 질문에 이렇게 대답을 했다.

"부유해지는 것은 아주 간단합니다. 높은 IQ가 아닌 좋은 습관, 좋은 태도, 좋은 생각, 좋은 말씨만 있으면 됩니다." 즉 긍정적인 마인드와 성품을 말하는 것이다.

혹시 지금 한계에 봉착하지는 않았는가? 절대적으로 리더가 리더십의 역량이 없다면 그가 이룰 수 있는 양도 극히 일부분에 지나지 않는다. 그러나 내 앞에 놓인 문제를 점프하고 싶거나, 더 높이 올라가고 싶다면, 즉 성공의 수준을 높이고 싶다면 리더십의 역량을 키워야 한다. 리더십의 역량이 없다면 절대 리더(leader)가 될 수 없다.

성공한 리더들은 힘든 훈련과 인내로 리더십을 계발한 사람들이다. 즉 리더십의 역량이 낮으면 낮을수록 성공할 확률이 적으며, 반대로 높으면 높을수록 성공에 대한 잠재력은 높다. 그러므로 리더십의 역량을 높이는 것을 성공의 능력을 높이는 것이다. 내가 가진 성공의 역량이 있는 거기까지만 성공할 수 있다. 이것을 한계의 법칙이라고 말한다.

　새로운 일이나 사업을 하는데 반드시 필요한 자질이 리더십이다. 그 리더십이 부족하면 큰 성공을 거둘 수 없다. 때로는 사고방식이 성장을 가로막는 장애물, 즉 걸림돌이 된다. 리더십의 역량을 계발하지 않으면 성공의 문 앞에서 발목을 잡힌다. 경쟁에서는 이기는 힘은 바로 리더십의 역량이다.
　한 예로, 맥도날드 형제가 프랜차이즈로 점포를 낸 것은 15건에 지나지 않았지만, 동업을 한 후 레이 크록이 매장을 낸 것은 119개국에 31,000개의 매장이나 된다. 이는 리더십의 역량의 차이이다.
　개인의 노력으로 성공하는 데는 한계가 있다. 그러므로 리더십의 역량을 높임으로서 성공 수준을 높일 수 있게 된다. 그런데 리더십의 역량을 바꾸려면 환경이나 조직을 바꾸어서는 안 된다. 필히 리더를 바꾸어야 한다.

　국가가 어려움에 처하면 어떻게 할까? 대통령을 잘 만나면 된다. 기업이 이익을 내지 못하면 그것은 경영자의 문제이다. 스포츠팀이 성적이 좋지 않으면 선수를 바꾸는 것이 아니라 감독을 바꾸어야 한다.

우리가 잘 아는 것처럼 1970년 애플이 처음 설립되었을 때, 주도적인 역할을 담당했던 스티브 위즈니악은 그리 리더십의 역량이 높지 않았다. 그러나 파트너였던 스티브 잡스는 리더십 역량의 수준이 높아서 애플이라는 회사를 세계적인 기업으로 키워냈다.

〈실천 지침서〉 리더십의 역량 진단하기

당신이 설정한 목표나 비전은 리더십 역량이 성과에 큰 영향을 미친다. 그러므로 먼저 자신의 리더십 역량을 진단해 보는 것은 매우 중요한 것이다. 아래의 1부터 10 사이에 자신이 어디에 해당하는지 숫자를 선택하여 평가해 보라.

- 비전   1---2---3---4---5---6---7---8---9---10
- 일의 성과   1---2---3---4---5---6---7---8---9---10
- 사고능력   1---2---3---4---5---6---7---8---9---10
- 통찰력   1---2---3---4---5---6---7---8---9---10
- 대인관계   1---2---3---4---5---6---7---8---9---10
- 설득력   1---2---3---4---5---6---7---8---9---10
- 인내력   1---2---3---4---5---6---7---8---9---10

결과 적기

----

18 인간적 리더

전문적 기술은 얼마든지 노력하고 훈련하면 습득할 수 있다. 그리고 어지간한 것은 배울 수 있다. 그러나 인간성은 단숨에 배우거나 돈을 주고 얻을 수 있는 것이 아니다. 이 인간성은 평생을 함께 살아온 습성이고 체질이기 때문에 그 누구도 하루아침에 확 뜯어 고칠 수 없다.

한 조사에 따르면 직장에서 무능력해서 해고당하는 것보다 대인관계가 좋지 않아서 해고당하는 경우가 더 많다고 한다.

리더가 되려면 가장 먼저 인간성이 좋아야 한다. 리더의 힘은 바로 인간성에서 나오기 때문이다. 그러므로 인간성 계발에는 머뭇거리지 말고 과감히 투자하라.

우리가 잘 알고 있는 〈성공하는 사람들의 7가지 습관〉을 집필한 스티븐 코비가 강조하는 리더십의 핵심은 바로 성품과 원칙이었다. 그 좋은 인간성을 갖기 위해서는 끊임없이 자신을 부수고 깨뜨리고 다듬어야 한다.

우리는 더 좋은 인간성을 계발하기 위해 다음의 4가지 요소를 갖추어야 한다. 아주 기본적인 것이지만 말이다.

하나, 책임있는 사람이 되라.

리더는 선동이나 하고 말만 번지르르하게 하며 불평이나 하는 사람이 아니라 책임을 지는 사람이 진짜 리더이다.

둘, 모범이 되어야 한다.

얼마든지 실력이 부족한 사람은 도울 수 있다. 그러나 예의 없는 사람은 용납이 안 된다. 예의도 품위도 없는 사람을 리더로 따르지 않는다. 본이 되어야 한다.

셋, 인색하지 마라.

그 사람의 인격은 무엇으로 보이는가? 돈을 쓰는 것을 보면 알 수 있다. 사람이 인색하고 좀스러우면 사람과의 관계가 단절되고 깊이가 없고 주위에 좋은 사람이 모이지 않는다. 잠깐 생각해보라, 누가 인색하고 좀스러운 사람을 리더로 따르겠는가?

넷, 상한 마음으로 사람을 만나지 마라.

굳은 얼굴이나 상한 마음으로 사람을 대하지 마라. 환한 얼굴을 머금고 언제나 호탕하게 웃어줄 수 있는 사람을 좋아한다. 음식을 먹음직스럽게 잘 먹는 사람이 좋다. 남을 칭찬하는 데 인색하지 않은 사람이 좋다. 절대 찡그리지 마라.

리더의 힘은 인간성에서 나오는 것이다. 리더의 정직함은 위대한 힘이다.

다음은 오드리 헵번의 유언 중의 한마디이다.

"매혹적인 입술을 갖고 싶으면 친절한 말을 하라. 사랑스러운 눈을 갖고 싶으면 사람들에게서 좋은 점을 보아라."

일어서는 리더의 징조	무너지는 리더의 증세
1. 비전	1. 자만심
2. 변화	2. 고집
3. 열정	3. 경계심
4. 판단력	4. 강직함
5. 결단력	5. 부정적

인정해 주는 리더

 당신이 만나는 모든 사람의 머리에 '내가 중요한 사람이라는 느낌이 들게 해주세요.'라는 글이 쓰여 있다고 생각하라. 그러면 당신의 삶은 성공할 것이다.

- 메리 케이 애시

 리더가 되려면 능력과 함께 인격을 갖추어야 한다. 능력은 있는데, 돈은 많은 데 인격이 미달되면 사람들은 떠나간다. 능력과 돈은 사람의 몸을 움직이지만 인격은 사람의 마음을 움직인다. 그러므로 리더가 되려면 사람을 이해하고 다른 사람과 사이좋게 살아가는 인간관계 법을 익혀야 한다.
 모든 인간관계의 시작은 다른 사람을 소중히 여기는 존중심에서부터 시작된다. 인간은 모두 사람으로부터 대접받고 존중받고 인정받고 싶은 기본적 욕구로 만들어졌다는 것을 잊지마라. 그래서 걸프전의 영웅으로 불리는 노먼 슈워츠코프 장군은 이렇게 말했다.

"나는 소대를 이끄는 유능한 지휘관 중, 소대원 앞에 섰을 때 그들을 전체적으로는 소대장으로 보았다." 그러므로 사람을 함부로 대하지 마라. 무시해도 좋을 사람은 세상에 아무도 없다. 친절하게 대하라. 부드럽고 따뜻한 마음으로 너그럽고 다정하게 대하라. 왜냐하면 사람이 가장 중요한 존재이다. 사람을 존중하라. 이것이 인간관계를 쌓는 첫 번째 방법이다.

모든 인간관계는 상대방을 보석처럼 존중심으로 시작된다. 그래서 최고의 대인관계 전문가로 꼽히는 레스 기블린은 "당신이 다른 사람을 소중하게 생각하지 않는 한 어느 누구도 당신을 존경하지 않을 것이다"라고 했다. 심리학자 윌리엄 제임스는 "사람은 갓난아이부터 노인에 이르기까지 남으로부터 인정받기를 원하는 강한 열망이 있다"라고 했다.

사람은 항상 감정이 이성보다 앞선다는 사실이다. 그래서 상대방에게 다음의 몇 가지를 하지 말아야 한다.

〈~ 하지 마라〉

- 마음을 상하게 하지 마라.
- 명예를 가로채지 마라.
- 배신하지 마라.
- 함부로 대하지 마라.
- 해롭게 하지 마라.
- 속이지 마라.
- 모독하지 마라.

19 성실한 리더

쇠는 안 쓰면 녹슬고, 고여 있는 물은 흐려지며, 게으름은 정신의 활력을 앗아간다.

- 레오나르도 다빈치

우리는 항상 사람과의 만남이 마치 방송국 기자와 인터뷰한다는 자세로 사람을 대하면 크게 성공할 것이다. 조지 웨스팅하우스는 "모든 조직은 반드시 윗사람이 아랫사람을 먼저 포용해야 한다는 중대한 원칙이 있다."라고 말했다. 어려움을 피할 수 있도록 기회를 주고 고비를 넘기도록 도와주라. 포용하고 용납하는 사람이 진짜 리더이다. 다른 사람을 챙겨주는 사람이 큰 리더이다. 한마디로 적을 만들지 말라는 것이다. 적을 만들지 않기 위해서는 사람을 존중해야 한다. 사람을 이해하고 사람을 인정할 줄 알아야 한다.

좋은 인간관계를 쌓고 싶다면 다음의 3가지 사실을 확실히 알고 시작하라.

하나, 사람은 누구나 이기적이다.

둘, 사람은 누구나 다른 사람보다는 자기 자신에게 더 관심이 많다.

셋, 사람은 누구나 다른 사람들로부터 존경과 인정을 받고 싶어 한다.

 사람을 사랑한다는 일이 무엇인가?

 존중해주고 인정해주는 것이다. 먼저 찾아가 인사하고 먼저 말을 걸고 많이 들어주는 것이다. 먼저 위로해주고 격려해주라. 리더는 사람의 가치를 일깨워주는 사람이다. 이런 리더 주변에는 단 한명의 적도 붙어 있을 수 없다.

공식 : 좋은 인간관계를 만드는 방법
① 사람을 존중하라.
 인간은 모두 사람으로부터 대접받고 존중받고 인정받고 싶은 기본적 욕구로 만들어졌다는 것을 잊지 마라.

② 적을 만들지 마라.
 항상 사람과의 만남이 마치 방송국 기자와 인터뷰한다는 자세로 사람을 대하면 크게 성공할 것이다.

 사람은 태어날 때 성공자 또는 실패자로 태어나지 않는다.
 그렇다면 누가 성공하는가? 태도가 다른 사람이다.
 리더들은 어떤가? 리더는 주면서 사는 것을 좋아한다. 리더는 너그러운 성품을 가지고 있다. 그리고 리더는 마음이 크다. 그런데 사람들은 모두 마음이 넓고 너그러운 사람을 좋아한다. 리더

〈THE리더의 5가지 징조〉
- 비전이 있다.
- 변화를 추구 한다.
- 열정이 있다.
- 결단력이 있다.
- 판단력이 있다.

의 역할은 희망과 용기를 주는 일이다.

새는 죽을 때 가장 아름다운 소리를 내고, 사람은 죽을 때에야 비로소 착한 말을 한다고 한다. 그래서 사람은 죽을 때 대부분 세 가지를 '걸걸' 하면서 후회한다고 한다.

첫째, 조금만 더 잘해 줄 걸.

둘째, 조금만 더 참을 걸.

셋째, 이렇게 빨리 인생이 끝날 줄 알았으면 좀 더 보람 있게 살 걸.

리더는 성공하기 위해 사는 것이 아니라 행복하기 위해 산다. 그래서 행복한 사람은 절망, 시련, 아픔, 슬픔까지도 받아들이며 삶을 사랑한다. 그리고 리더들의 특징은 늘 성실하다는 것이다.

로버트 슐러는 "실패는 당신이 아무것도 성취하지 못했다는 것을 의미하지 않는다. 당신이 무언가 새로 배웠음을 의미할 뿐이다"라고 말했다. 리더십이라는 나무는 피와 땀과 눈물을 먹고 자라나는 나무이다.

〈로버트 슐러의 적극적 사고의 10가지 비결〉

- 첫째; '불가능하다'는 생각은 절대 하지 마라.
- 둘째; 어려운 일에 직면했을 때에는 해결책을 찾아보라.
- 셋째; 자신에게 주어진 가능성을 결코 부인하지 마라.
- 넷째; 어떤 일에 실패할 위험이 있다고 해서 계획을 포기하지 마라.
- 다섯째; 훌륭한 제안을 거부하는 일에는 결코 참여하지 마라.
- 여섯째; 어떤 문제를 다른 사람이 성공하지 못했다고 해서, 당신도 마찬가지라는 생각은 하지 마라.
- 일곱째; 좋은 아이디어를 실현하는데 시간, 돈, 두뇌, 열정, 재능, 기술이 부족하다고 해서 그것이 불가능하다는 생각을 하지 마라.
- 여덟째; 스스로 불완전하다는 생각으로 장래 설계를 결코 포기하지 마라.
- 아홉째; 어떤 제안이 들어왔을 때, '확신이 안 선다, 생각해 보지 못한 일이다, 유익함이 없을 것이다.'라는 생각으로 그것을 거부하는 일이 없도록 하라.
- 열 번째; 한 가지 목표가 달성되면 다시 새로운 목표를 설정하라.

20 신뢰의 힘

조직에 정말로 중요한 것이 무엇인지 아는가?

조직 내에 신뢰가 부족하면 활력이 떨어지는 것은 물론 의심하고 예단하는 분위기가 조성된다. 또한 팀워크가 사라지고 직원들의 사기와 성과가 떨어진다. 혹시 비용을 줄이고 불필요한 지출을 줄이며 거래와 생산량을 높여주는 것이 무엇인지 아는가? 모든 관계에서 실질적으로 작용하며 윤활유 역할을 하는 진정한 가치는 무엇일까?

당신이 지금 관계하는 영역에서 폭발적인 성장을 꿈꾸고 있다면 우선 신뢰를 키우고 그것을 지렛대로 활용할 수 있는 능력에 초점을 겨냥해야 한다.

신뢰는 성장의 속도를 높이는 원동력이다.

"신뢰가 높으면 성공은 빨라지고 커지며 비용은 낮아진다."

21세기 속도의 시대에는 무엇보다 기본에 충실해야 한다. 기본 중의 기본인 신뢰는 조직과 기업의 지속생존을 보장해주는 가장 확실한 무형 자산이다. 조직의 신뢰가 없으면 그 어떤 목표도 달성할 수 없다.

다음의 괄호에 가장 알맞은 단어를 넣어 보라.

"21세기에는 (   )가 모든 것을 지배한다."

"21세기 모든 조직의 성패를 결정짓는 매우 중요한 요소, 즉
(   )를 강조한다."

"(   )는 오늘날 우리 사회가 지켜야 할 매우 중요한 가치 중 하나이다."

"(   )는 모든 관계의 핵심 기반이다."

"(   )가 곧 역량이다. 혁명적이고 실제적이다."[24]

- 사람을 묶는 끈과 같은 것이 무엇일까? (   )
- 영향력 있는 사람이 되기 위해 꼭 필요한 것은? (   )
- 성공으로 나아가는데 없어서는 안 될 요인은? (   )
- 진실성이 주는 가장 중요한 유익은? (   )

이 모두에 해당되는 것이 바로 '신뢰(trust)'이다. 조직의 신뢰는 리더의 성실함에서부터 시작된다. 신뢰를 얻은 리더만이 조직을 이끌 수 있어 신뢰는 리더의 가장 중요한 도구다.

성실함은 말과 행동을 통해 자신의 삶을 정직하게 보여 주는 것이다. 그래서 정직함은 생각보다 삶에 더 큰 영향력을 미친다. 성실함과 진실성이 없으면 아무리 뛰어난 재주가 있어도 성공할 수 없다. 그렇다면 나는 신뢰적인 인격을 지닌 사람인가?

---

24) 신뢰

다음의 문항들을 통해 바른 품성을 자가 진단할 수 있다. 각각의 문항들에 체크 해 보라. 진단하여 상태를 점검하고 부족한 부분은 신뢰의 성품을 만드는 작업에 집중적으로 계발해야 한다.

기업과 조직의 성공에서 가장 중요한 것은 '리더의 신뢰감'에 있다. 조직의 리더가 신뢰를 쌓으면 구성원들이 시너지를 발휘해 최고의 성과를 보다 빨리 실현한다.

아래의 항목을 매우 잘 실행하고 있다면 'O'에, 보통 이하라고 판단되면 'X'에 체크한다.

나의 인격적 성실함과 진실성 자가진단 체크

번호	자가 진단 내용	O	X
1	나는 잘못된 행동이나 태도를 솔직히 밝히는 편이다.		
2	나는 남의 탓, 환경 탓을 하지 않는다.		
3	나는 정해진 계획대로 꾸준히 일을 전개한다.		
4	나는 작고 사소한 일도 최선을 다하고 완벽하게 처리한다.		
5	나는 약속한 기한이 늦어지게 된다면 사전에 상대방에게 알린다.		
6	나는 남에 대한 이야기를 할 때 진실을 말한다.		
7	나는 주어진 의무와 책임을 다하고 신념을 가지고 산다.		
8	나는 초심을 잃지 않고 처음 약속했던 것을 반드시 지킨다.		
9	나는 진실하기 위해 많이 노력한다.		
10	나는 무슨 일을 하든지 인격을 첫째로 삼는다.		

'×'에 체크 된 항목은 최고의 성과를 향해 나아가기 위한 가장 확실한 핵심 역량으로 집중해야 한다.

오늘날에는 진정한 신뢰를 찾아보기가 더욱 힘들어졌다. 사람들은 점점 서로를 의심의 눈초리로 바라보고 있다. 서로를 믿지 못하는 현실 속에서는 먼저 내가 믿을 만하다는 증거를 보여줘야 한다. 이것이 영향력 있는 사람이 되는 중요한 자질이다.

사람들은 훌륭한 인격을 지닌 사람만을 리더로 삼으려고 한다.

진실성을 가진 사람은 어떠한 경우라도 변함이 없다. 그런 사람들은 장소, 상대, 상황에 상관없이 진면목을 보여 준다.

신뢰는 영향력이다. 신뢰를 얻기 시작하면 영향력의 수준도 높아진다. 그리고 타인의 삶에 영향을 미치기 시작한다.

지그 지글러는 "해야 할 일을 먼저 하면 원하는 일을 할 수 있는 날이 온다"고 말했다. 심리학자인 윌리엄 제임스는 한 걸음 더 나아가 "모든 사람이 좋은 습관을 들이기 위해, 하기 싫은 일을 하루에 두 가지씩 해야 한다"고 말했다.

작은 일이 우리의 인격을 바꾸어 놓는다. 당신은 작은 것일지라도 약속을 반드시 지키는 사람인가? 그렇다면 신뢰적인 사람이다. 타인에게 영향력을 발휘하게 된다.

아래의 항목을 이해하고 숙지해 보도록 하자.

진실성(integrity)이란?

웹스터 사전에서 '진실성(integrity)'을 '도덕과 윤리 원칙의 준수, 도덕적 인격의 건전함, 정직'이라고 정의하고 있다.

진실성은 집의 기초와도 같다. 기초가 튼튼한 집은 비바람이 몰아쳐도 무너지지 않는 것과 같은 이치다. 반면 기초에 금이 간 상태에서 폭풍우가 몰아치면 그 금이 더욱 깊어져 나중에는 집 전체가 무너지고 만다.

자격과 인격 사이에서 어떤 것이 더 영향력을 발휘할까? 아래의 요소들을 자격과 인격의 칸에 넣어 보라.

자격(credentials)	인격(character)

일시적이다.   영구적이다.
권리에 초점을 맞춘다.   책임에 초점을 맞춘다.
오직 한 사람에게만 유익하다.   많은 사람에게 유익을 끼친다.
질투심.   존경과 진실성.

진실성을 측정하는 질문들

[   ] 남에게 솔직한가?

[   ] 주위 사람들에게 모범을 보이는가?

[   ] 내게 손해가 되더라도 올바른 결정을 내리는가?

[   ] 최소한 한 사람에게라도 내가 생각하고 말하고 행동한 것에 책임을 지는가?

다음의 말을 기억하자.

> 많은 사람들이 지식을 가지고 잠시 성공한다.
> 몇몇 사람들이 행동을 가지고 조금 더 오래 성공한다.
> 소수의 사람들이 인격을 가지고 영원히 성공한다.

어떻게 신뢰를 쌓을까?

신뢰를 갖추고 사람들에게 영향력을 주려면 훌륭한 인격을 지닌 품성을 계발하기 위해서는 날마다 아래의 8가지의 항목에 따라 살도록 노력해야 한다.

다음의 원칙을 지킨 한 주간의 삶을 나누어 보자.

1. 일관된 인격을 보여라.
2. 언행을 일치시켜라.

3. 솔직하라.

4. 겸손하라.

5. 남을 도우라.

6. 약속을 지켜라.

7. 섬기는 자세를 가져라.

8. 서로의 삶에 참여하라.

서약서에 서명하기

1. 인격과 신뢰를 갖춘 사람이 되도록 노력하겠습니다.
2. 진실과 신뢰, 정직을 제1의 가치로 두고 살겠습니다.
3. 제가 대접받고 싶은 대로 남을 대접하겠습니다.
4. 삶의 어떤 순간에도 최고 수준의 진실성을 갖고 살겠습니다.
5. 사람에게 최고의 가치를 두고 살겠습니다.

날짜 :

서명 :

21 통전성(integrity)[25] 리더십

자기 성찰이 없는 삶이란 살 가치가 없는 인생이다.

_ 플라톤

1500명의 최고 지도자와 중역들을 대상으로 실시한 설문 조사에서 사업을 성공으로 이끌기 위해 지녀야 할 가장 중요한 자질은 무엇이냐고 질문했더니, 대답은 모두 통전성이었다. 사람은 성실하고 정직할 때 말과 행동은 같아진다. 다음은 하워드 월터의 '인격'이라는 시이다.

    나는 진실하리라. 나를 신뢰하는 사람들이 있기에.
    나는 순수하리라. 돌보는 사람들이 있기에.
    나는 강건하리라. 고통 받는 사람들이 있기에.
    나는 주리라. 그리고 보상은 잊으리라.
    나는 겸손하리라. 나의 약함을 알기에.

한번은 창조적 리더십을 위한 기관에서 조기 퇴직을 권고 받은 중역들을 조사한 결과 공통적인 것은 성품의 결함과 신뢰를

---

[25] 성실, 정직, 완전하고 통일된 상태, 늘 한결같은 사람이다.

저버렸다는 것이다. 알다시피 신뢰성을 잃으면 회복하기가 무척 힘들다.

빌 클라슨은 이렇게 말했다. "우리가 대가를 나중으로 미루면 더 큰 대가를 치르게 될 것이다."성장의 훈련을 위해 마땅히 해야 한다. 성공하는 사람은 성공하지 못하는 사람들이 하지 않는 것을 자원해서 한다. 성공적인 사람은 인격에 따라 일하고 감정에 따라 일하지 않는다. 이는 오직 훈련된 삶을 통해서만 성취가 가능하다.

버락 오바마 미국 대통령의 집무실에 걸려 있는 인물이 누구일까? 바로 벤저민 프랭클린의 사진이다. '가장 지혜로운 미국인' '미국 건국의 아버지'로 불리며 미국 최고의 발명가, 과학자, 정치가, 사업가 등 다방면에서 두각을 나타낸 인물 벤저민 프랭클린(1706.1.17-1790.4.17). 나는 그의 수많은 명언 중에 유독 '뭉치면 살고, 흩어지면 죽는다!'는 말을 좋아 한다. 프렌치 인디언 전쟁 당시에 식민지의 단결을 호소하며 〈펜실베이니아 가제트〉에 수록한 프랭클린의 유명한 구절, 조각난 뱀의 몸뚱이마다 적혀 있는 알파벳은 당시 아메리카 식민지의 이니셜이다.

위 그림이 주는 의미를 아래에 적고 설명해 보라.

 절대 성실하고 근면한 벤저민 프랭클린은 소년 시절에 어느 조그만 비누공장의 사원으로 일한 적이 있었다. 거기에서 그가 맡은 일은 겉으로 보기에는 실로 보잘 것 없었다. 그러나 그때 프랭클린은 공장에서 비누가 만들어지는 전 공정을 일목요연하게 파악함으로써 그 중의 한 공정을 담당하고 있던 자신의 일에

대한 가치를 확인했다고 한다.

군주론의 저자, 르네상스 시대의 이탈리아 사상가, 정치철학자인 니콜로 마키아벨리는 "인격적 지도자를 측정 할 수 있는 첫 번째 방법은 그의 주변 사람들을 보는 것이다"라고 말했다.

다음 아래의 문구에서 좋은 인격(통전성)에 해당되는 것은 무엇인지를 체크해 보라.

1. ☐ 기분이 좋아야 일을 옳게 한다.
2. ☐ 눈으로 봐야 믿는다.
3. ☐ 문제가 발생하면 그만둔다.
4. ☐ 기분에 따라 변덕스럽다.
5. ☐ 이해를 토대로 일한다.
6. ☐ 책임을 토대로 일한다.[26]

---

[26] 위 5가지 문구는 모두 감정을 따라 일하는 사람이다. 단 6번은 '책임을 토대로 일한다'만 인격을 따라 일하는 사람이다.

22 성공 인격 덕목 점검하기

벤저민 프랭클린 그는 18세기의 미국인 가운데 조지 워싱턴 다음으로 저명한 인물로 그의 13가지 덕목들은 오늘날 미국정신의 근간으로 또 전 세계 젊은이들의 모범으로서 큰 영향력을 행사하고 있다. 많은 화폐들이 미국의 달러화에도 인물화가 새겨져 있다. 그 중에서 대통령이 아닌 인물은 단 2명뿐이다. 알렉산더 해밀턴(10달러)과 100달러의 벤저민 프랭클린이다. 생전에 중요 관직에 있었던 것도 아님에도 달러화에 그의 인물이 오르게 된다.

프랭클린은 다양한 분야에서 성과를 올리면서 내적으로도 행복한 인생을 산다. 그럴 수 있었던 이유는 무엇인가? 그 해답이 바로 스스로 선정한 〈13가지 덕목〉이다. 자신이 평생 동안 지켜야 할 13가지 덕목을 선정하게 된다. 그는 50년 이상 자신의 수첩에 13가지 덕목을 항상 기록해왔고, 이 항목들을 실행했는지 아닌지 스스로 체크를 했다. 또한 한 주일마다 13가지 덕목 중 한 가지를 집중적으로 실천하려고 노력했다.

그는 근면, 성실, 인내, 절제, 배움 등 자기관리에 대한 자신만의 확고한 철학이 있었다. 이를 삶의 철칙으로 삼아 꾸준한 실천을 하고자 노력했다.

이것이 가진 것이 하나 없는 사람들이 어떠한 방법으로 성공을 일구어 내는지에 대한 명쾌한 해답이다. 성공적인 인생을 사는 지름길이다.

1. 절제 : 배부를 정도로 먹지 말고 취하도록 마시지마라.
2. 정숙 : 자기나 남에게 유익하지 않은 말은 하지마라.
   필요 없는 말은 삼가 하라.
3. 질서 : 모든 물건은 제자리를 정해 그곳에 있게 하라.
   모든 일은 때를 잃지 말고 하라.
4. 결심 : 해야 할 일은 반드시 하겠다고 결정하라
   결심한 일은 반드시 실행하라.
5. 절약 : 자신이나 남에게 착한 일이 되는 경우를 제외하고는
   돈을 쓰지 마라. 즉 낭비를 하지마라.
6. 근면 : 시간을 헛되이 낭비하지마라.
   항상 유익한 일을 하고 불필요한 일은 벌리지 마라.

7. 진실 : 사람을 속이지마라.
　　　　깨끗하고 공정하게 사고하라.
　　　　말할 때도 깨끗하고 공정하게 하라.
8. 정의 : 남을 모욕하거나 은혜를 베풀지 않으므로써 과오를
　　　　저지르지 마라
9. 중용 : 극단을 피하라.
　　　　남의 비난과 분노가 당연하다 싶으면 참아라.
10. 청결 : 몸이나 의복이나 주택에 불결한 것이 있으면 그대로
　　　　두지마라.
11. 침착 : 일상생활에서 불가피한 일이 닥쳤을 때
　　　　침착함을 잃지 마라.
12. 순결 : 성생활은 가정의 평화와 자손의 번성을 위해서만 행
　　　　하라.
13. 겸손 : 예수와 소크라테스를 본받고 따라하라
14. 칭찬 : 날마다 3인 이상에게 칭찬을 실천하라.
15. 감사 : 날마다 주신 것에 감사하는 생활을 하라.

14번과 15번은 필자가 추가한 항목이다. 이 두 가지를 추가함으로 완벽한 성공적 인격 지침서가 된다. 아래의 한 주간 성공 덕목 지침서 15가지를 날마다 실천하고 점검해 보자.

〈실전 행동 나눔〉

한 주간 성공 덕목 지침 15가지

> 그날에 행한 덕목에 색을 칠한다. 한주, 한주 자신의 목표로 한 덕목들을 잘 실천해 나가면서 서서히 좋은 습관으로 하나 둘씩 자리를 잡도록 하는 것이 무엇보다 중요하다. 실천하지 못한 덕목은 다음 주에 다시 실천한다.

'밭의 잡초를 뽑을 때에는 한 번에 몽땅 뽑으려고 덤빌 것이 아니라 자기 능력껏 한 뙈기를 끝내고 다음으로 넘어가야 하는 법이다.'

	월	화	수	목	금	토	일
절제							
정숙							
질서							
결심							
근면							
절약							
진실							
정의							
중용							
청결							
침착							
순결							
겸손							
칭찬							
감사							
점검 사항							

성공적인 삶을 위한 교훈

매일 매일의 목표를 가져라. 우리가 어떤 뚜렷한 목표를 향해 나아가노라면 어쩔 수 없이 경쟁하는 상대가 나타나게 마련이고, 그 장애물을 넘어야만 그 목표를 달성할 수 있다.

사람들은 소중한 목표를 달성하지 못했거나 기본적인 욕구를 만족시키지 못했을 때 욕구불만을 느낀다.

혹 목표가 너무 높지는 않은가?

심한 자기비판에 빠져 목표로 향하는 과정이 지연되고 있는 것은 아닌가?

보다 명확한 목표를 향해 다가가야만 실패의 악순환에서 벗어날 수 있다.

순위	매일의 목표	실천사항
1		
2		
3		
4		
5		

성공으로 나아가는 지름길 3가지

작은 성공으로부터 시작하라.
1) 과거의 성공을 되새겨라.
2) 과거의 행복했던 순간을 회상하라.
3) 여유로운 마음으로 여행이나 산책을 하라.

다음의 말을 5번씩 적어보라.

자동차 왕 크라이슬러는 이렇게 말했다.
"나는 활기찬 사람을 좋아합니다. 그가 활기에 차 있으면 고객들도 저절로 그 열정에 끌려서 계약을 체결하기가 한결 쉬워지는 법이지요."

성공을 목표로 하는 사람들은 매일 아침 다음과 같이 스스로를 격려하라.

"나는 나의 일을 사랑합니다."

"나는 내 자신이 힘껏 노력하며 살아가는 데 대하여 깊이 감사드립니다."

"오늘 하루도 온몸을 바쳐 힘껏 살겠습니다."

벤저민 프랭클린의 인물 연구를 통해 그 느낌을 정리하여 아래에 적고 발표한다.

23 남과 다르게

말만 하고 행동하지 않는 사람은 잡초로
가득 찬 정원과 같다.

_ 하우얼

마리나 아브라모비치 예술인은 "여러분이 같은 것만을 한다면 아무 일도 일어나지 않습니다" 그리고 "저의 해결법은 제가 두려워하고, 모르는 것들을 하는 것입니다. 그리고 누구도 가지 않은 길을 가는 것입니다" 라고 말했다.

이랜드는 1980년 이화여대 앞에서 오픈한 '잉글랜드'라는 작은 의류 매장에서 시작했다. 1986년 주식회사 이랜드로 법인화하고 공채1기를 채용했으며, 1989년 아동복 사업에 진출하면서 성장 단계로 진입했다. 1990년에는 시계 및 주얼리 시장에 진출했고 여성 캐주얼 분야에도 진출했다. 1993년에는 국내에서 5000억 원의 매출을 달성했고, 계열 매장 수도 2000개가 넘었다. 2013년 이랜드는 22개국에 116개의 법인을 가진 기업으로 성장했으며 종업원은 6만 5000명에 달한다. 그룹 매출은 10조 4000억 원에 달한다.

성공요인으로 이랜드의 4대 경영 이념이다.

나눔, 바름, 자람, 섬김으로 기업 구석구석에 배어 있어 고객과 관련 업체, 지역사회, 정부기관 등 이해관계자 모두에게 신뢰를 주었다.

또 다른 성공요인은 남들과 '다르게 생각(think different)'하는 개방적인 문화다. 이랜드는 구성원이든 고객이든 협력업체이든 간에 다양한 생각과 아이디어를 내는 것을 장려한다.

개방적이고 수평적이며 외부 환경변화에 유연하게 적응하는 성공적인 기업 생태계다. 일반적으로 개방성은 확장 가능성이 매우 커서 폐쇄형보다 더 우월하다.

진화론을 창시한 찰스 다윈은 "가장 강한 종이나 가장 똑똑한 종이 아니라 변화에 가장 잘 적응하는 종이 살아남는다"고 했다. 관계든 비즈니스든 생태계든 끊임없이 변화하고 이에 적응하는 기업만이 생존하고 성장한다.

글로벌 시대에 급락하는 기업과 크게 성장하는 기업들이 공존하고 있다. 그 차이에는 다음의 흐름을 따라 가느냐 못 따라 가느냐에 결정된다. 글로벌 시장의 패러다임이 'good'에서 '더 좋게(better)' 'great'로 그리고 지금은 'different'가 성공의 가치이다.

> --> 더 싸게(cheaper)
> --> 더 좋게(better)
> --> 남과 다르게(different)

　페이지(Larry Page)와 브린(Sergey Brin)은 페이지 랭크라는 새로운 검색 알고리즘을 개발해 1998년에 구글을 설립했다. 야후라는 기존의 강력한 검색 엔진 기업이 있었음에도 불구하고 말이다.

　애플의 스티브 잡스는 성공 비결을 이렇게 말했다. "더 좋은 것으로는 충분하지 않다. 달라져야 한다(Better is not enough. Try to be different)"라고 강조했다. 그 정신이 오랫동안 애플의 슬로건이었던 '다르게 생각하라(Think Different)'가 됐다.

다음 아래의 이미지를 보고 그 차이를 적고 나누어보자.

구글 검색사이트

다음 검색사이트

이 사이트의 차이가 무엇인지 적어보라.

24 NQ지수(Network Quotient)

머리는 좋고 똑똑한 인재보다는 인간관계를 얼마나 잘 유지, 관리하는가를 나타내는 NQ지수(Network Quotient)가 높은 인재가 유능한 인재다. 그래서 지금을 NQ시대라고 한다. 즉 네트워크 지수 혹은 공존지수의 약자로 성공의 결정적 요인이 된다. 함께 사는 사람들과의 관계를 얼마나 잘 운영할 수 있는가 하는 능력을 재는 것이다.

원만한 대인 관계를 원한다면 '양'보다는 NQ의 시작, 받기를 기다리지 말고 먼저 주기, 상대방의 이야기에 귀 기울이기, 심부름은 웃으면서 하기, 기쁨일이 있는 친구에게 진심으로 축하해 주기 등 수칙을 지켜야 한다.

다음은 NQ지수를 높이는 태도이다.

- 평소에 잘해라.

  평소에 쌓아둔 공덕은 위기 때 빛을 발한다.

- 고마우면 '고맙다'고, 미안하면 '미안하다'고 큰 소리로 말해라.

  입은 말하라고 있는 것이다. 마음으로 고맙다고 생각하는 것은 인사가 아니다. 남이 네 마음속까지 읽을 만큼 한가하지 않다.

- 남의 험담을 하지 말라.

  그럴 시간 있으면 팔굽혀펴기나 해라. 나의 험담은 평생 비밀로 한다.
- 가능한 한 옷을 잘 입어라.

    첫인상을 중요시하는 사회다. 외모는 생각보다 훨씬 중요하다. 할인점 가서 열 벌 살 돈으로 좋은 옷 한 벌 사 입어라.
- 지금 이 순간을 즐겨라.

    지금 네가 살고 있는 이 순간은 나중에 네 인생의 가장 좋은 추억이다. 나중에 후회하지 않으려면 마음껏 즐겨라.

가치적 지수를 보면 다음과 같다. 그 의미를 말해보라.

> IQ --〉EQ --〉SQ --〉NQ --〉HQ --〉DQ

황금률의 법칙

> Golden Rule = GIVE AND TAKE

21세기는 스마트한 시대다. 지금의 사람들은 보통 스펙과 실력, 능력은 대체로 비슷하다. 승부의 갈림길은 누가 네트워킹 능력이 뛰어난가 하는 것이다. 휴먼 네트워크는 상호 연결된 사람들 간의 상호 커뮤니케이션을 통한 정보 공유 및 협력을 통한 성취를 이루어내는 시스템을 의미한다. 성패를 가르는 것은 네트워크의 힘이다.

참된 사업의 성공은 언제나 인간관계 위에 세워진다. 모든 성공은 인간관계에서 시작된다. 인간관계는 커뮤니케이션이다. 그래서 커뮤니케이션 능력은 성공의 반열에 오르는 사다리이다. 〈정정당당하게 경쟁에서 이기는 법〉의 저자인 심리학자 케빈 리먼은 사업 성공의 세 가지 법칙을 제시한다.

첫 번째 법칙 _ 사람들은 물건 파는 사람이 마음에 들 경우에 물건 사는 걸 좋아한다.

두 번째 법칙 _ 한 번에 한 가지 대화로 인간관계를 쌓는다.

세 번째 법칙 _ 고객을 알면 물건 파는 일은 저절로 된다.

리먼은 황금률의 법칙 "남에게 대접을 받고자 하는 대로 너희도 남을 대접하라."고 말했다. 이 원리는 사랑의 태도가 있어야 능하고 고객의 주된 사랑의 언어를 알고 구사할 때 더욱 강화된다.

동기부여 전문가 지그 지글러는 "다른 사람들이 원하는 것을 얻도록 도우면 사업에서 성공할 수 있다." 이와 비슷한 오래된 속담이 있다. "다른 사람이 올라가는 것을 도우려면 자신이 먼저 정상 가까이에 올라서야 한다."

당신이 성공으로 가는 길에 제대로 들어섰는지 알 수 있는 확실한 방법이 하나 있다. 지금 오르막 길을 가고 있는지 보는 것이다.

세상은 모두 네트워크로 연결되어 있다. 그 네트워크만 잘 관리하면 어떤 문제든 효율적으로 해결할 수 있다. 그래서 사회학자 밀그램 박사는 1967년 세상의 어떤 사람이라도 6단계만 거치면 모르는 사람도 알 수 있다고 하였다.

인류 최초로 대서양 무착륙 횡단 단독비행을 성공한 조종사 린드버그(Lindbergh). 1927년에 롱 아일랜드에서 파리를 쉬지 않고 최초로 단독 횡단하는 데 성공했다. 그는 단지 훌륭한 비행 실력만으로 횡단할 수 있었을까? 그렇지 않았다. 린드버그는 가진 돈도 거의 없었고 비행기도, 후원자도 없었다. 하지만 그는 후원자를 모으는 관계기술, 네트워킹 능력이 있었기에 가능했던 것이다. 이는 인적 네트워크의 결과이다.

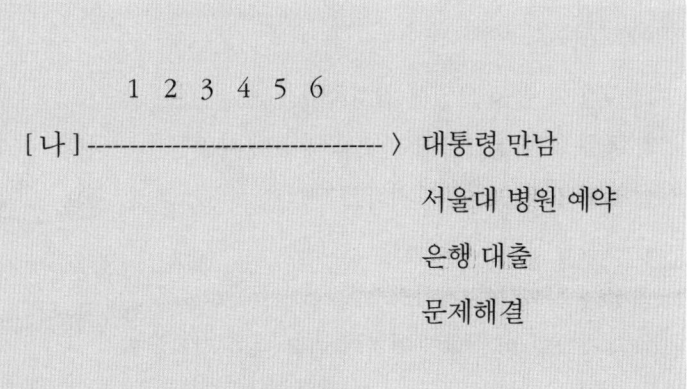

인적 네트워크는 인간관계를 말하는 것이다. 인간관계가 먼저고, 제품은 나중이다. 우정과 서로의 도움이 먼저고 성공은 그 결과에 불과하다. 즉 신뢰가 사업성공의 절반이다.

휴먼 네트워크에서 중요한 것 중 하나가 깊이다. 인간관계라고 해서 다 깊은 것은 아니다. 겉만 번지르르한 관계가 더 많다. 깊이가 없는 인간관계는 오래가지 못한다. 아는 사람이 많다고 해서 다 좋은 것은 아니다. 소중한 시간을 낭비할 수도 있다. 한 사람을 알더라도 깊이 있는 것이 중요하다. 넓고 표면적인 인간관계보다는 작지만 깊이 있는 인간관계를 지향할 때 보다 의미 있는 관계를 맺을 수 있다.

좋은 인간관계를 지닌 사람은 그렇지 않은 사람보다 성공의 확률이 높다는 뜻이다.

직장에서 좋은 인간관계를 유지하기 위한 10가지 방법

1. 직장 내 활동 모임에 참석하라.
2. 각종 교육에 참가해 비슷한 직종의 사람들과 만나라.
3. 메모하는 습관을 가지라.
4. 메일을 통해 교제하라.
5. 상대방 이름을 기억하라.
6. 부정적인 면보다 긍정적인 면을 보고 칭찬하라.

> 7. 누구에게든 매너를 지키라.
> 8. 도움을 필요로 할 때 여건이 허락되면 도와주라.
> 9. 늘 웃음을 잃지 말라.
> 10. 각종 경조사 등 가야할 자리는 꼭 참석하라.

다음의 아래에 나를 중심으로 휴먼 네트워크의 힘을 그림으로 그려보라. 내가 할 수 없는 것을 다른 사람과 관계를 통해서는 할 수 있다.

3장

인성 리더십 키우는 방법

리더십을 키우는
행동 습관을 개발하라

나의 잠재적 능력을 개발하라!

이기는 것은 습관이다.
그러나 불행이도 지는 것 역시 습관이다.

_ 빈스 롬바르디

사람은 누구나 다 성공할 수 있는 능력을 지닌 놀라운 존재라는 것이다. 그러므로 내 안에 있는 무한한 잠재력과 가능성을 다음의 자기계발 4단계(self development 4 Cycle)를 통해 얼마든지 나를 지금 시대의 가장 강력한 역량으로(무기) 변신할 수 있다는 것을 기억하라. 그런데 사람은 현재 상태에 안주하려는 습성을 가지고 있다. 그러나 그 자리에서 바람직한 방향으로 습관혁명을 하면 성공과 행복을 얻을 수 있다.
다음의 글귀를 좋아한다.
"인간은 과거의 습관이나 버릇의 노예가 된다."

What you see, What you get!

"What you see, What you get!", 즉 "당신이 보는 것만큼, 당신이 얻는 것이다."라는 말이다. 보는 만큼 성공할 기회를 더 많이 확보하는 것이다. 더 많이 맛보는 것이다. 더 많이 체험하는 것이다. 이 놀라운 성공 원리를 알아야 한다.

〈성공으로 나아가는 행동 지침서〉

비전을 보았다면 당신 것!

백만불짜리 열정을 보았는가? 보았다면, 그것은 당신 것,

백만불짜리 전문가를 만났는가? 만났다면, 그 사람은 당신 것,

백만불짜리 강의를 들었는가? 들었다면, 그 내용은 당신 것,

백만불짜리 경험을 체험했는가? 체험했다면, 그 체험은 당신 것.

백만불짜리 자기계발 4단계

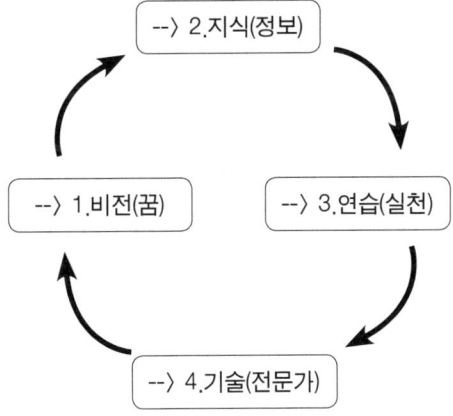

제 1단계 : 비전과 꿈(Vision) 세우기

나의 성공의 비결은 마음속에 승리의 꿈을 품었기 때문이다. "사명을 가진 사람은 그것을 달성할 때까지는 절대로 죽지 않는다."라는 말은 아프리카 선교의 아버지라고 불리는 "데이비드 리빙스턴" 선교사의 말이다.

인생의 목적은 끊임없는 도전에 있다. 새로운 변화를 수용하여 새로운 것을 배우겠다는 확고한 의지를 형성시키고 미래에 대한 명확한 비전과 꿈을 설정하는 것이다. 비전과 꿈을 세우되 아주 크고 원대한 그림을 설계하여라. 비전은 무조건 커야 한다. 그리고 언제든지 분명하게 말할 수 있어야 한다.

제 2단계 : 새로운 지식(Knowledge) 습득하기

비전이 세워지면 거기에 맞는 목표가 형성된다. 그 목표를 보완하고 달성하기 위해서는 반드시 지속적으로 충전되어야 한다. 충전되지 않은 배터리는 방전되는 것이다. 따라서 새로운 정보, 방법, 노하우, 원리, 원칙 그리고 전문지식 등을 지속적으로 습득해야 한다.

알다시피 방전된 휴대폰은 아무리 좋은 기능이 있다할지라도 사용하지 못한다. 고졸 앙드레 김 패션 디자이너는 자신의 부족함을 채우기 위해서 국내의 신문 17가지를 매일 읽으며 정보와 감각을 유지한다고 한다.

제 3단계 : 지속적으로 연습(Practice)하라

습득한 지식을 각자의 실생활에 적용하고 연습하라. 성공한 사람들의 공통적인 특징이 용기를 갖고 연습을 지속적으로 한다는 것이다. 여기서 말하는 연습은 향상을 위한 훈련을 말하는 것이다.

기술자는 반드시 연습을 통해 숙련된 기술자로 만들어지는 것이다. 수영을 잘 하기 위해서는 물속에 들어가서 연습을 통해서만 가능하다. 우리가 잘 아는 박세리, 박찬호, 박지성, 이승엽 등 각 분야 최고의 선수들이 될 수 있었던 것은 연습벌레들이기에 가능했다. 이는 남들보다 더 많은 연습의 결과이다.

제 4단계 : 프로 전문가(Skill)가 되라

기술 연마를 통해 혁신적인 변화를 창조한다. 누구든 지속적인 연습을 통해 성공한 경험을 가지고 있으면 그때부터 새로운 기술을 익히게 되는 것이다. 그를 우리는 전문가라 부른다. 그리고 또 다른 새로운 일에 도전한다. 그러므로 전문가란 끊임없는 도전과 열정을 지닌 사람을 말하는 것이다.

　나를 전문가로, 꾼으로 계발시키기 위해서는 자기 계발 Cycle 4단계가 쉼 없이 작동되어져야 할 것이다. 즉 자기 계발은 반복적이고 지속적인 비전과 꿈을 세우고, 지식(정보)을 갖추고, 용기 있는 연습(실천)을 통해서 새로운 변화에 견딜 수 있는 기술(전문가)을 얻을 수 있는 것이다. 오직 멈춤이 없는 연습과 노력만이 가능한 것이다.

Everyday Habit

1 [하면 된다]는 플러스(+) 사고

고통을 고통으로 여기지 마라!

옛날부터 "병은 마음에서부터 생겨난다"고들 한다. 병을 만드는 제일 첫 번째 원인은 자기 자신의 "마음가짐"이라는 의미이다. 다시 말해서 불안하거나 두려워하는 상태, 괴롭다든가 힘들다는 심정을 가슴에 품고 있으면 그것이 원인이 된다는 것이다.

"고통을 고통으로 여기지 말라!"는 말은 "고통스럽다"는 마이너스 사고를 "고통스럽지 않다"라는 플러스 사고로 바꾼다면 불필요한 고통을 체험하지 않아도 되는 것이다. "하면 된다"는 식의 긍정적이고 낙관적인 마음가짐으로 인생을 살아가라는 것이다.

"좋은 일이라면 기뻐하라. 그러나 만약 그것이 나쁜 일이라면 되새기지 말라"

"할 수 없다"는 체험을 하지 말라. "할 수 있다"는 체험을 쌓은 것이 더 좋다. 성공체험을 거듭해 나가다 보면 그것이 마침내 커다란 자신감으로 변모해 자신 있게 일을 밀고 나갈 수 있는 추진력이 된다.

플러스 사고, OK!

한국인과 미국인의 사고방식 차이를 보자.

미국인은 목표의 80%를 달성하면, "VERY GOOD" - '아주 좋다!' 라고 평가한다. 60% 정도면, "GOOD!" - '좋다!'. 20-30% 정도라도 "OK" - '그저 그렇다'.

플러스 사고방식이란 잘 된 면으로, 좋은 부분에 눈을 돌리는 습관을 말하는 것이다. 긍정의 가능성을 보는 것이다.

〈행동 지침서〉 플러스 면에 눈을 돌리는 습관

여기에 일이 잘 풀리지 않아 실패한 사람이 있다면, 마이너스 면과 플러스 면에 눈에 돌리는 습관의 차이를 볼 수 있다.

- 마이너스 생각 →
    50% 실패한 면에 눈을 돌림
- 플러스 생각 →
    50% 성공한 면에 눈을 돌림

Everyday Habit

2 말할 내용을 미리 생각하고 검토하라.

우리가 두려워해야 할 유일한 대상은 두려움 그 자체이다.
- 루스벨트

먼저, 말할 내용을 분명히 하라!

말하기 전에 상대방의 말을 듣고 생각을 정리하면, 내가 하는 말의 영향력이 강화된다. 또한 두려움을 없애고 자신감을 가질 수 있다. 두려움은 자신을 보호하는 방어 수단으로서 언제나 최악의 상황에 초점이 맞춰져 있다. 즉 "나는 실패할거야, 아마도 창피를 당하겠지." 그러나 이제 초점을 다음과 같이 전환해보자. 아래의 7가지 요소에 주의해야 한다.

- 말하기 전에 말할 내용을 생각한다.
- 전달할 메시지를 정리한다.
- 요지를 재빨리 전달한다. 그래야 듣는 사람이 여러분의 말을 쉽게 기억할 수 있다.
- 대화를 통해 여러분이 얻고자 하는 결과가 무엇인지 분명히 안다.
- 일반적으로 우리는 자신의 관점을 상대에게 납득시키려 할

때 대화 기술을 활용한다.
- 대화할 상대를 파악하고 이해한다.
- 성공적으로 의사를 전달하려면 말할 내용과 원하는 결과를 미리 계획해야 한다.

상대에 초점을 맞춘다

내가 아니라 듣는 사람에게 그리고 긍정적인 결과를 마음속에 그린다. 부정적인 생각을 버린다. 교만이 아닌 진심에서 우러나오는 말을 한다. 왜냐하면 상대와 대면하는 최초의 몇 분간은 상대방의 시선을 끌기 위해 최대한 노력해야 한다. 그때의 느낌은 가장 오랫동안 지속되기 때문이다. 남의 말을 잘 들어주는 것은 좋은 첫인상을 만드는 최종적인 요소이다. 말을 들어줌으로써 대화가 시작되고 계속적으로 대화가 이루어진다.

조화로운 대화에 의한 좋은 첫인상은 좋은 인간관계 확립을 위해서도 도움이 될 뿐만 아니라 실리적인 면에서도 상당한 이득이 있다.

〈행동 지침서〉 효과적인 대화법 123

① 1분 이내로 자기의 말을 끝낸다.
② 2분 이상 상대가 말하게 한다.
③ 3분 이상 긍정의 맞장구를 친다.

Everyday Habit

3 긍정의 구호 "파이팅!"

긍정의 구호

구호는 놀랍게도 긍정의 힘을 생성한다. 그러므로 내 목표가 이루어질 때까지 마음가짐과 구호를 만들어 외쳐보자. 긍정의 구호는 언제나 넘치는 에너지를 만들어 내며 아무리 어려운 상황에서도 "파이팅!"을 외쳐주면 나는 물론이고 주위 사람들에게 활력과 원기를 불어넣어 주는 그리고 강한 자신감의 기운을 전파하는 힘을 지니고 있다. "산삼을 먹은 것과 동일한 힘을 제공해 준다." 반면 절망과 패배의 소리는 처한 환경과 자신의 처지를 원망하여 아무것도 시도해 보지 않은 채, 서서히 늪 속으로 빠져들게 된다.

〈따라하기〉

나의 성공 각오를 외쳐라! "파이팅!"
"하자!"
"하면 된다!"
"I CAN DO IT!"
"YOU CAN DO IT!"
"내 꿈은 반드시 이루어질 것이다"

나의 성공의 비전과 각오를 외칠 수 있다는 것은 이미 50% 성공한 것이나 다름없다. 지금 긍정의 구호를 다짐하고 각오하여 나의 삶에 적용시켜라. 그러면 성공은 나의 것이 될 것이다.

"파이팅"이라는 구호에는 커다란 의미를 가지고 있다. 사실은 기운이 넘쳐나서 큰 소리를 지르는 것이 아니라는 것이다. 소리를 크게 지름으로써 기운이 난다는 것이다. 온몸은 녹초가 되어 있을지라도 소리를 크게 내지름으로서 기운차게 계속 질주할 수 있다는 것이다. 그러므로 긍정의 "파이팅!"이란 함성소리는 그런 의미에서 결코 헛된 것이 아니다. 따라서 "파이팅"이란 함성소리는 계속 질주할 수 있는 힘을 생성케 하는 응원의 소리이다. 그러므로 긍정의 생각은 곧 긍정의 구호로 잉태되어 입 밖에 나오게 되어 있다. 그리고 그 긍정의 구호대로 현실은 이루어지는 것이다.

이 힘을 믿고 날마다 긍정의 구호를 외치며 살라!!

〈행동 지침서〉 긍정의 파이팅! 외쳐라.
꿈과 목표가 이루어질 때까지 가져야 할 마음가짐과 다짐을 구호(슬로건)로 만들어 외쳐보자. 조별로 만들어 발표해 보라.

예) 결정된 슬로건
　　- 1일 성공 행동지침을 지킨다!

- 〈미인대칭 비비불〉의 삶을 산다!
- 매일 1시간 이상 독서한다.
- 꾸준히 운동한다!
- 긍정적인 삶, 즉 웃고 박수치고 허리를 세운다.
- 나의 수입의 10% 이상을 저축한다.
- 삶에 있어 일을 취미로 만든다.
- 파이팅!
- 직장은 나의 선교지이다.
- 얼짱이 아닌 일짱!

이처럼 구호는 우리에게 활력과 원기를 불어 넣어주는 힘을 지니고 있다. 기억하라. 이제 "파이팅!" 정신으로 하루를 시작하라. 곧 성공이 끌려오는 놀라운 결과를 맛보게 될 것이다.

〈행동 지침서〉

집에서, 학교에서 지친 사람들에게 힘들어하며, 지친 엄마 아빠에게 그리고 선생님에게 다음의 긍정의 구호를 선물해 준다. 반드시 내 입으로 사용한 말만 사용할 수 있다.

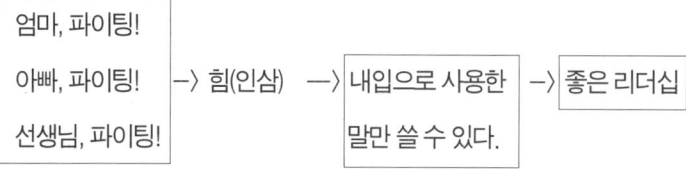

〈TIP〉 상대의 이름과 얼굴을 오래 기억하는 법

상대의 이름과 얼굴을 빨리, 오래 기억하는 사람이 출세하게 되어 있다.
다음 7가지 공식을 이용해 보라. 상대의 이름과 얼굴을 오래도록 기억하게 될 것이다.

[1] 초면이 사람의 이름을 들으면 곧 그것을 자기 입속에서 다시 되풀이하여 본다. 그 인물에 흥미를 가지고, 다시 만날 것을 기대한다.
[2] 한 번 기억한 사람의 이름을, 기회가 있는 대로 되풀이하여 써 볼 것이며 애매하게 하지 말고 명료하고, 정확하게 말하여 본다.
[3] 그 사람과 대면하였을 때도 똑똑한 발음으로 그 사람의 이름을 부른다. 이야기 하면서도 몇 번이고, 그 이름을 부르고 헤어질 때에 다시 한 번 그 이름을 부른다.
[4] 이름을 부를 때, 그 사람의 얼굴을 똑바로 들여다본다. 그리하여 그 특징을 기억한다. 부분적인 특징과 동시에, 전체로서의 그 인상을 머리 속에 새겨놓도록 하는 것이 중요하다.
[5] 어떠한 장소에서든지 그 사람을 만나면 곧 그의 이름을 부른다.

[6] 자리에 누워 잠들기 전에, 그날 만난 사람들의 이름을 적어 본다. 그리고 그 이름 밑에 만났던 장소, 이야기한 요점, 복장 등에 대해서 기입해 둔다.
[7] 상대의 특징을 연상하며 기억하는 것도 한 방법이다. 그리고 이름과 함께 상대의 특징을 메모해 둔다.

Everyday Habit
4 멋지게 자기 소개하기

▶ 자신의 소개를 멋들어지게 잘 하는 사람은 100% 성공한다.
▶ 각 분야의 주인공들을 잘 살펴보면, 그들은 다 자신의 특징을 잘 살려 소개를 멋지게 한다.
▶ 자신감이 넘치는 사람은 당당하게 자기소개를 잘 한다.

이야기를 꺼내는 방법
　일반적으로 대화나 스피치를 함에 있어서는 어떤 목적이나 특정한 화제로 들어가기 전에 먼저 대화의 능력을 올리기 위해서는 간단한 인사말이나 자기소개를 멋지게 하는 것이 좋다. 잘 모르는 상대방과의 대화에서는 더욱 서두를 어떻게 꺼내야 할 것인가가 망설여진다. 그러한 경우 다음의 사항을 실제 대화에 응용하면 매우 편리하다.

▶ 무조건 첫 마디는 상대를 칭찬하고 격려하라!
　성공하는 사람들에겐 주어진 특별한 기회를 절대로 잃지 않는다는 것이다. 그것은 성공하는 가장 중요한 첫 만남의 순간이기 때문이다. 그러므로 사람들에게 첫 인상, 첫 마디는 대단히 중요하다. 그래서인지 대부분의 사람들은 첫 인상의 느낌에 따라 그 사람을 판단한다고 한다. 따라서 첫 말은 무조건 칭찬하고 감사와 격려를 해라.

심리학자들이 말하기를, 사람을 판단하는데 걸리는 시간은 단 3초 만에 결정된다고 한다. 그렇다, 첫 인상의 결정이 단 3초 만에 결정된다. 그래서 "여자는 자기를 알아주는 사람들을 위해 화장을 하고, 남자는 자기를 인정해 주는 상사를 위해 목숨을 바친다"라고 하는 말이 있을 정도이다.

▶ 독특하게 나를 소개하라.

혹 나를 소개하고 인사하는 기회가 주어지면 언제든지 충분히 준비되고 훈련된 방법으로 나를 멋지게 그리고 독특하게 소개할 수 있어야 한다. 평소에 철저한 준비와 훈련을 통해서 나를 소개할 수 있는 주요 문장을 만들어 소개 훈련을 하라.

자기소개는 평소에 3개쯤 준비해 둔다. 그래서 언제든지 나를 가장 멋지게 소개할 수 있는 습관화가 필요하다.

〈행동 지침서〉 실제 자기소개의 응용

☞ 날씨나 기후에 관한 얘기
☞ 취미, 기호 등에 관한 얘기
☞ 시사성 있는 이야기
☞ 일과 직업에 관한 얘기

☞ 가족, 친구, 친척 등 사람에 관한 이야기
☞ 건강, 질병, 의약, 치료법 등에 관한 이야기

이것들을 자기소개시 화제의 서두로 꺼내면 무난하다. 그러므로 조별이나 실생활에서 위의 내용을 서두로 꺼내어 이야기해 본다.

〈1분 실전요령〉 자기소개 스피치

- 조　건 : 자기를 소개하는 데 주어진 시간은 평균 1분을 넘어서는 안 된다.
- 포인트 : 1분 이내에 나를 상대가 기억할 수 있도록 또는 듣는 청중에게 주요 특징을 기억하게 한다.
- 공　식 : 첫 마디는 칭찬과 격려 + 인사 + 화제 + 자기의 특징(이름)

〈1분 실전훈련〉 상대 소개하기

- 조　건 : 첫 만남에서 상대편을 알 수 있도록 5분 정도의 교제의 시간을 제공한다. 그리고 1분 안에 상대편을 멋지게 소개한다.
  상대편을 잘 소개하기 위해서는 인격적인 교제가 있은 후에 가능하다.

- 2인 1조로 그룹을 만든다.
- 5분 동안 인격적인 교제를 나눈다.
- 1분 안에 상대편을 소개한다.

다음의 아래 빈칸에 나를 소개할 주요 요점들을 기록하고 암기하라. 실제 소개시에는 메모지를 보지 않고 자연스럽게 말할 수 있어야 한다. 내 모습 중 자랑할 만한 것을 마음껏 자랑하자.

자기소개서 쓰기(5분 후 발표하기)

〈1분 스피치 체크 포인트〉
- 열정과 확신을 가지고 이야기 한다.
- 언제든지 먼저 듣는 사람들을 칭찬하고 격려하라.
- 청중의 대표성 있는 사람의 이름을 기억하고 칭찬해주어라.
- 대상에 맞게 나를 소개하라.
- 나의 이름과 전공(특기)을 기억시켜라.
- 시간을 지키고 짧고 간결하게 하라.

〈훈련〉 작성한 자기소개서를 암기하여 소개하기

● 평범한 자기소개 ●

평범한 자기소개는 청중들의 관심을 끌지 못한다.
"안녕하십니까? 저는 ○○회사 ○○부서에서 근무하는 정병태입니다."
"저는 서울대학교 영문학과 3학년 정병태라고 합니다."
"전 주부고요, 그냥 뭐 좀 배워보려고 왔습니다. 잘 부탁합니다."

● 의례적인 인사말 ●

"안녕하십니까? 방금 ○○○로부터 소개받은 ○○○입니다.
이 회사의 사장님과 친구 사이입니다. 잘 부탁합니다."

"저는 부모님이 이곳을 소개해 줘서 오게 된 정병태입니다."

● 준비된 자기소개 ●

"칭찬과 격려 + 〈인사〉안녕하세요! + 화제(내용) + 이름(특징)"

"이곳에서 훌륭한 선생님들을 만나게 되어 무한한 영광으로 생각합니다.
안녕하세요? 말보다 행동을 최고의 목표로 살아가는 사람!
신세대의 선두주자!
21세기 성공하는데 가장 중요한 분야의 강사로서, "죽이는 말"의 저자 정병태라고 합니다. 앞으로 말로 여러분을 죽이겠습니다!"

"먼저, 좋은 강좌를 선택할 수 있도록 기회를 주신 하나님께 감사를 드립니다.
안녕하세요? 꿈과 성공, 이 두 가지 목표로 언제나 최고를 향해 도전하는 이 사람 바로 정병태 입니다."

이름의 예)
• 이연옥 : 여러분 저는 천국에 가기 전에 있는 곳 "연옥", 이연옥이라고 합니다.
• 김금주 : 제 이름은 아버지가 술을 끊겠다고 마음 먹고, "금

주"라는 이름을 지었습니다. 그래서 김금주 입니다.
- 5학년 4반의 김다혜입니다. 5학년 4반에 김영애 선생님이 가르쳐 주시는 김다혜입니다.

〈주의사항〉
- "~~요" 끝내지 말라!
- 말하면서 웃지 말라!
- 시선을 하늘이나 땅(엉뚱한 곳)을 바라보지 말라!

▶ 명함을 만들어서 다니다가 필요한 사람에게 나누어 준다.

Everyday Habit

5 먼저, 생각을 바꾸어라!

세계에서 가장 높은 산인 에베레스트 산을 정복한 애드먼드 힐러리 경은 누구도 시도하지 않은 산을 10번이나 도전하여 정상에 오르는 결과를 가져왔다. 하기도 전에, 한 번의 실패에 주저앉아 "안 된다", "난 못해!" 그런 나약한 생각을 먼저 바꾸어라.

첫 번째로 주어진 과제는 더욱 열심히 해야만 한다. 할 수 없다면 다음의 과정을 따라 갈 수 없다. 반드시 아래의 3가지 과제를 순종하시고 따라오실 때, 놀라운 창조적 기적과 실패에서 성공의 영역으로 건져낼 것이다. 믿으시고 따라하라.

① 훈련기간 자기 계발 프로젝트를 실천한다.
② 매일 한 번 이상 각오하고 구호를 외친다.
③ 매일 두 번 이상 꿈(비전) 세우고 다짐한다.

1) 부자 되기 과제

생각(Thinking)을 먼저 바꾸어라!

성공적 생각은 나를 성공적인 사람으로 만들어 준다. 따라서 날마다 부정적 생각이 아닌 성공적 생각으로 나를 먼저 바꾸어라. 우리 생각대로 이루어지기 때문이다.

"나는 할 수 있다. 나는 행복하다. 세상은 내 편이다." 생각이 바꾸어지면 창조적인 기적이 일어난다. 창조적인 기적이 일어나기 위해서는 부정적인 생각을 먼저 제거해야 한다.

부정적인 생각을 제거하는 방법
① 의도적으로 부정적 생각을 하지 않는다.
② 생각을 다른 곳으로 분산시킨다(행복한 것).
③ 부정적인 생각들을 큰 소리로 외치며 부인한다.

부정적인 생각이 나를 지배하지 못하도록 해야 한다. 부정적인 생각을 긍정적인 생각으로 바꾸어라. 그리고 생산적인 사고를 통해 창조적인 사고자로 바뀌어져라.
　내 속에 있는 모든 부정적인 요소를 모두 적어라. 내 잠재의식 속으로 들어가 부정적인 요소들을 모두 끄집어내는 과정이 필요하다.
▶ 그래서 A4 용지에 빠짐없이 적어라.
▶ 마음속에 부정적인 요소들을 모두 들춰낼 때까지 파헤치고 분석하라.

2) 부자 되기 과제

당신의 소유 값어치를 매겨라!

당신이 소유한 목록을 만들어라. 그리고 그것들의 소유의 값어치를 매겨라.

당신이 얼마나 부자인지 모르겠는가? 이제, 종이 한 장을 꺼내라. 당신의 소유물을 마음껏 적고, 돈으로 계산해보라.

소유 목록	값어치
총 값어치	

- 갖지 못한 것보다 이미 가진 것에 대해 말하라.
- 소유한 것에 감사하라.

Everyday Habit
6 경청하라

대화의 기술은 말하는 것보다 들어주는 경청의 기술이 더 중요하다. 그래서 대화는 테니스와 같다. 서로 공을 주고받아야 하는 것이다. 대화의 참된 기술은 말하는 데만 있는 것이 아니라 경청하는 데도 있다.

- 상대방에게 말할 기회를 준다.
- 상대방의 관점을 존중한다.
- 대화에 집중한다. 남의 말은 듣지 않고 할 말에만 신경을 쓰면 중요한 정보를 놓치게 된다.
- 인내심을 가지고 상대방의 말을 들으면 상대가 문제를 해결하도록 도울 수 있다. 사람들은 자신의 문제를 충분히 스스로 해결할 수 있다.

현대의 상담의 기술은 들어주는 것이다. 그래서 전 미국의 국무장관 "딘 러스크"는 "상대를 설득할 수 있는 최선의 방법은 그의 주장에 귀 기울이는 것이다."라고 말하였다.

경청을 통해서 상대의 많은 것을 알아내려고 해야 한다. 그러기 위해서는 듣는 사람에게 관심을 집중해야 한다. 다시 말해 적절한 질문을 던져서 듣는 사람이 어떻게 답하는지 들어봐야 한다.

- 상대방의 생각을 알 수 있도록 질문을 던진다.
- 중요한 부분은 인지하여 자주 되풀이한다.
- 눈과 귀로 듣는다.
- 보다 적극적인 자세로 듣기에 집중한다.

 말하는 사람에게 계속 말할 수 있도록 몸짓으로 반응을 보인다. 그러므로 화자는 자신이 존중받고 있음을 스스로 느끼게 되는 것이다.

〈행동 지침서〉 다음과 같은 사항은 피해야 한다.
☞ 성급한 결론
☞ 상대가 말할 때 다른 생각하기
☞ 말할 기회만 노리기(자신이 할 말만 생각하기)

Everyday Habit

7 특별한 말솜씨

실용적인 기법

성공하는 사람들에겐 특별한 말솜씨가 있다. 실용적인 기법은 조리 있게, 설득력 있게, 적절하게 말하는 기술을 익혀야 한다. 기본적으로 상대를 설득해내는 기술, 곧 커뮤니케이션을 잘하는 비결이야말로 성공의 필수 요건이다.

다음의 실용적인 기법들은 커뮤니케이션 기술을 향상시킬 수 있는 최고의 지침서들이다.

- 약어, 은어는 되도록 쓰지 않는 것이 좋다.
- 직업적인 용어, 전문용어를 될 수 있으면 쓰지 않는다.
- 감정을 조절한다. 감정 조절이 안 되면 오히려 불리해진다. "당신의 말도 일리가 있다."
- 유머를 이용한다.
- 유머는 상황을 이완시켜 주며, 상대의 마음을 열게 하는 힘을 지니고 있다. 단, 다른 사람을 놀리는 유머는 하지 않는다.
- 누구나 공감할 수 있는 에피소드를 이야기한다.
- 어휘력을 향상시키는 훈련을 한다.

예) 단어의 정확한 발음연습, 큰 소리로 문장을 읽음, 볼
펜 물고 연습
좋은 실용적인 단어, 글귀, 문장 등을 숙지
다양한 독서를 통해 어휘력 향상
- 군더더기 표현은 쓰지 않는다.
예) "아", "어", "음"
- 혼자서 혀, 턱, 입술 운동을 한다.
- 정확한 상대의 응시로 관심을 표현한다.
- 감정과 몸짓을 섞어서 표현한다.
- 대화 속도를 조절하여 대화에 활력을 불어 넣는다.
때로는 빠르게, 때로는 느리게 적절히 조절하라.

단어와 소리는 다소 과장되게 연습하라. 그렇게 하면 긴장이 완화되어 발성이 정확해지며 표정도 자연스러워진다. 그뿐 아니라 말솜씨도 좋아진다.

Everyday Habit

8 매일-주-월-년 계획을 세우라!

성공은 꿈이 기초가 되고, 꿈은 목표가 기초가 되고, 목표는 행동이 기초가 된다. 매일 매주 매월뿐만 아니라 매년 강력한 행동지침에 따라 실천이 이루어질 때 바라는 바를 실현할 수 있다.

여기서 가장 중요한 "행동"이 따르지 않으면 꿈과 목표는 사라질 것이다. 반드시 시간을 내어 행동계획을 세움으로 꿈과 목표를 쟁취하라. 행동계획이 반복적으로 이루어질 때 당신의 꿈은 반드시 성취될 것이다.

1단계 : 확고한 계획 세우기

하루하루의 일정과 주별 목표 지키기
하루하루 점검할 때, 한 주 한 주 지나갈수록 더 나아져야 한다. 일정에 따른 목표는 반드시 구체적으로 이루어져야 한다.

목표	월 화 수 목 금 토 일	점검
구호 외치기	"나는 할 수 있다!"	O
금식하기	한주 한 끼 금식!	O
조찬모임 참석하기	한주 1회 모임 참석	O
감사일기 쓰기	정오에 감사하기	O

잠언 읽기	하루 한 장 잠언 읽기	O
정보수집	관련서적 및 자료 읽기	O
운동하기	일일 40분 이상	O
칭찬하기	일일 1명 이상에게	O

위 항목 목표는 반드시 실천되어야 하고, 반드시 점검되어야 한다. 그리고 반드시 달성되어야 한다.

나의 실천 계획

"한걸음씩 점진적으로 나아가면 성공은 누워 떡먹기이다"

내가 부자의 영역으로 들어가기 위해서는, 습관적으로 매일 매주 매월 매년 자신의 꿈을 성취하기 위한 행동과 습관이 이루어져야 한다. 그 어떤 사람이라도 여기 부(富)의 매뉴얼을 잘 따라오면 부자의 영역으로 들어갈 수 있다는 것이다. 만약 자신과 타협하고 적당히 대한다면 당신은 지금보다 더 큰 어려움을 맞이할 것이다.

2단계 : 내 이름은 "습관"이다.

하루하루의 일정과 주별 목표 지키기

하루하루 점검할 때, 한 주 한 주 지나갈수록 더 나아져야 한다. 일정에 따른 목표는 반드시 구체적으로 이루어져야 한다.

목표	월 화 수 목 금 토 일	점검
구호 외치기	"하나님의 빽을 믿읍시다!"	O
금식하기	한주 한 끼 금식!	O
조찬모임 참석하기	한주 1회 모임 참석	O
감사일기 쓰기	정오에 감사하기	O
잠언 읽기	하루 한 장 잠언 읽기	O
정보수집	관련서적 및 자료 읽기	O
메모하기	필기도구 및 수첩준비	O
운동하기	일일 40분 이상	O
계획세우기	나의 단기 중기 장기 계획세우기	O
연락하기	교제하기(메일 문자 전화 만남)	O

위 목표는 반드시 실천되어야 하고, 점검되어야 하고, 달성되어야 한다.

목표를 이르기 위한 올바른 습관을 지금 계발하라.

많은 사람들이 소홀한 자세와 미루는 습관 때문에 주저앉고 그럼으로 실패를 선택하게 된다. 지금 당신의 습관을 바꾸어라. 성공을 이루지 못하는 사람의 중요한 이유 중 하나가 실생활에서의 습관이 올바로 이루어져 있지 않기 때문이다.

지금 당신이 없애야 하거나 개선시켜야 할 습관은 무엇인가?

습관을 통해 내가 이루어야 할 변화

_____
_____
_____
_____

유명한 프랑스의 나폴레옹은 자신이 직접 전투에 들어가기 전에 마음속의 전투에서 이미 승리를 거두었다고 말했다.

"나는 오직 목표를 바라볼 뿐이다. 그러면 장애물은 틀림없이 물러간다."

내가 부자의 영역으로 들어가기 위해서는, 습관적으로 매일 매주 매월 매년 자신의 꿈을 성취하기 위한 행동과 습관이 이루어져야 한다. 그러므로 올바른 습관을 형성하라. 그리고 행동에 옮기라. 이것을 통해 당신도 이 부자의 영역에 들어 갈 수 있을 것이다.

〈행동 지침서〉 매일 매주 매월 매년 지침서

1) 매일 5분 이상 나는 이렇게 되고 싶다고 생각하는 자신의 모습을 구체적으로 그리고 상상해보라.
2) 매일 5분 이상 조용히 "난 될 수 있다!"고 자기 설득 과정을 한다(달성할 때까지 한다).
3) 나는 신의와 진실을 중시한다. 어떤 경우라도 부도덕한 행위를 하지 않는다.
4) 나를 사랑하는 것과 마찬가지로 남을 사랑한다.
5) 얻기 전에 주라. 자신의 이익보다는 함께 이익을 나누는 비즈니스로 전환하라.

위 지침서 내용을 암기하여 매일 외친다.
나는 그렇게 하겠다는 의미로 아래에 서명한다.

날짜 : _____ 년 _____ 월 _____ 일
성명 : _____

[Everyday Habit]

9 변화를 위한 자기 점검하기

다음의 21가지 문항은 변화를 위한 자기점검하기이다.

변화를 위한 자기 점검 21가지

분야	작정	내 용	예/아니오
영성	1	일과를 시작하기 전 30분 책을 읽는다.	☐ ☐
	2	하루 세 번 구체적인 구호를 외친다.	☐ ☐
	3	자신의 사명을 기억하고 실천한다.	☐ ☐
	4	언제나 세상은 내편이다(자아 이미지).	☐ ☐
육체적	5	하루 30분이상의 운동을 한다.	☐ ☐
	6	아침형 사람으로 활동한다.	☐ ☐
	7	과식/음주/흡연을 삼가 한다.	☐ ☐
비즈니스	8	성실과 정직함으로 일을 한다.	☐ ☐
	9	모든 일을 투명하게 진행하라.	☐ ☐
	10	잘 할 수 있는 일을 한다.	☐ ☐
	11	스케줄 수첩의 계획표대로 진행한다.	☐ ☐
	12	아이디어를 수시로 기록한다.	☐ ☐
대인관계	13	겸손한 마음으로 관계를 맺는다.	☐ ☐
	14	주변 사람들에게 꿈과 비전을 나눈다.	☐ ☐
	15	거울 앞에서 하루 세 번 이상 웃는다.	☐ ☐
	16	주도적이고 적극적으로 활동하라.	☐ ☐

	17	상대방을 인격적으로 대하라.	☐ ☐
전문화	18	다양한 분야의 서적을 매일 읽는다.	☐ ☐
	19	21일간 진행 스케줄표를 작성한다.	☐ ☐
	20	기록하고 적용하고 진행하고 나누라.	☐ ☐
	21	늘 탐구하고 연구하는 것을 놓지 말라.	☐ ☐

21일간 이 자기 점검서를 매일 기록하고 평가하라.

성공자의 조건과 기질 자가진단

당신은 부자의 기질을 갖고 있는가?

성공자들을 보면, 하나같이 호기심이 많고, 사려 깊고 분석적이다. 그리고 재능과 창조적 기질을 갖고 있으며 성실형이다. 또한 어떤 상황에서도 잘 적응한다.

나의 성공적 적성을 점검하여 자신이 갖고 있는 제반적인 체질과 환경을 점수로 기록해보자.

이제 자신의 주된 기질이 무엇인지, 약한 기질이 무엇인지 찾아내어내 강한 기질을 잘 사용하고, 약한 기질을 집중적으로 훈련하는 기회로 삼아야 한다. 왜냐하면 나의 기질이 내 행동과 대인관계에 큰 영향을 미치고 성공의 성패에도 크게 미치기 때문이다.

모든 비즈니스 영역에서 성공할 수 있는 것은 먼저 내 강점이 무엇이고, 약점이 무엇인지 발견해 내는 것이다. 그래서 쉽게 강점을 더 살리고, 약점을 보완해서 다시 준비하면 그것이 강점이 되는 것이고 가능성의 기질로 변화되는 것이다.

부족한 기질을 훈련으로 성공적 기질로 바꾸어보자. 강점을 활용하지 못하면 약점이 되는 것이다. 자 따라해 보자. 그리고 큰 소리로 외치자. 매일 아래의 항목을 외치는 횟수만큼 성장이 비례 된다.

- 나는 감정이 풍부하다!
- 나는 낙천적이다!
- 나는 창의력이 있다!
- 나는 열정적이다!
- 나는 사람을 좋아한다!
- 나는 적극적이다!
- 나는 자신감이 있다!
- 나는 근면하고 성실하다!
- 나는 끈질기다!
- 나는 스케줄을 따른다!
- 나는 행복하다!
- 나는 자신을 의지한다!
- 나는 기도한다!
- 나는 깨끗하다!

- 나는 시간을 지킨다!
- 나는 재능이 있다!
- 나는 연구를 좋아한다!
- 나는 검소하다!
- 나는 즉시 행동한다!
- 나는 결단력이 있다!
- 나는 모험적이다!

자가 성공 기질 체크 리스트

이 채점표의 결과에 너무 연연할 필요는 없다. 왜냐하면 훈련을 통하여 수정이 가능하기 때문이다. 다만, 자신의 강점과 약점을 점검하여 부족한 부분에 대해 집중적으로 훈련하는 기회로 삼으면 된다.

	체크점수 아니다(전혀) 1, 보통이다(대개) 2, 그렇다(조금) 3, OK(그렇다) 4	
1	내 성격은 활동적이고 적극적인 편이며 대인관계도 무난하다.	
2	어떤 일에 있어서 처음과 끝을 중요하게 생각한다.	
3	성격상 진행 중인 일은 끝까지 책임지며 완결하는 편이다.	
4	대인관계가 누구와도 원만하다.	
5	신용관계가 아주 좋은 편이다(은행, 카드, 대출)	
6	탐구에 대한 욕심이 있고 모르는 것에 대해 계속 연구한다.	

7	기술과 정보 지식을 충분히 갖추고 있다.	
8	자본력이나 주변 환경이 창업하기에 넉넉하다.	
9	전반적으로 건강하고, 열정적이고 욕심이 있는 편이다.	
10	운전이 가능하며 컴퓨터에 대한 기본지식을 갖고 있다.	
11	군 생활(단체), 직장 생활 등 모두 경험해봤다.	
12	내가 좋아하는 일을 한다.	
13	나는 자신을 의지한다.	
14	모두의 행복을 위해 사업하고자 한다.	
15	나는 긍정적이고 낙천적이다.	
16	나는 융통성이 있다.	
17	나는 목표를 세우고, 계획을 좋아한다.	
18	나는 내 시간을 잘 사용한다.	
19	나는 다른 사람들과 대화를 잘한다.	
20	나는 위험부담을 안을 수 있다.	
21	나는 새로운 것을 배우기 좋아한다.	
22	나는 현실적이다.	
총점		

위 질문에 자신이 점수를 기입한다.

나의 점수를 계산하여 아래와 맞추어본다.

점	-	90	점	목표를 해도 좋음
점	-	80	점	문제가 없음
점	-	60	점	성공 자질을 갖고 있음
점	-	50	점	잠시 고려해야 함
점	-	40	점	많은 훈련이 필요함
점	-	30	점	약점보완이 필요함

이 점수는 단지 자기진단을 목적으로 하는 것이다.

Everyday Habit

10 자기 계발 프로젝트 체크

습관은 제2의 천성이다. 그러나 습관은 제1의 천성을 파괴시킨다. 나쁜 습관은 버리고 좋은 습관을 누가 더 많이 가지고 있느냐에 따라 성공이 결정 된다.

결과 점수										
12주										
11주										
10주										
9주										
8주										
7주										
6주										
5주										
4주										
3주										
2주										
1주										
기간 항목	메모 하기	책 읽기	칭찬 하기	운동 하기	약속 지키기	인사 하기	구호 외치기	성경 읽기	관계 맺기	일찍일 어나기	선생님에게 편지쓰기

* 기간과 항목은 개인의 조건과 목표에 따라 변경 및 조정될 수 있다.
* 작성자 :   점검자 :

- 습관은 반복적이고 매일 마다 체크할 수 있는 능력이 필요하다.
- 습관을 정복할 수 있다면 당신은 성공할 수 있다.
- 습관은 모든 성공의 원천이자 힘이다.

- 항목 :
  메모하기, 책 읽기, 칭찬하기, 인사하기, 관계 맺기,
  묵상하기, 운동하기, 전화하기, 감사일기 쓰기, 구호외치기,
  문자 보내기, 컴퓨터사용하기, 봉사하기, 선물하기,
  청소하기, 소리내기, 호흡과 배출하기, 자화상회복하기,
  일찍 일어나기, 들어주기, 가족과 함께하기

- 기간 : 12주 안에 나의 기질을 성공의 기질로 바꾼다.
- 매주 열매에 맞는 스티커를 지급하여 붙인다.

Everyday Habit
11 거대한 꿈을 품으라!

인생을 성공으로 이끌기 위해서는 장래에 달성해야 할 크고 명확한 목표를 설정해야만 한다. 이것이 첫 번째 원칙이다.

목표나 소망을 갖는 것은 인간의 의무이지 결코 사치가 아니다. 소망이란 꿈꾸는 것이 아니라 바로 꿈을 실현해 가는 일이다. 꿈을 갖고 그 꿈을 실현시키기 위한 대가를 지불할 뜻이 있는 사람은 행복한 사람이다.

성공의 출발점

분명한 비전이나 목표를 갖는 것, 그리고 가치 있는 그 비전이나 목표를 달성하기 위해 확고한 의욕을 키우는 일, 이것이 바로 모든 성공의 출발점이다.

☞ 매일 30분씩 창조적인 시간을 가져라!

뛰어난 능력을 발휘하기 위해서는 당연한 일이지만 어느 정도의 희생을 지불해야 한다. 그 희생이란 바로 "시간"이다. 매일 약 30분 정도 창조적인 사고의 시간을 갖도록 하라. 이 시간에는 자신의 비전이나 목표에 의식을 집중하는 것이 무엇보다 중요하다.

매일 3회 소망을 떠올리는 습관을 기르라!
① 아침에 일어났을 때,
② 활동하는 한낮에,
③ 잠자기 전에,

가능한 한 자주 여러분의 소망을 떠올리는 습관을 기르는 것이 좋다. 우리의 대뇌는 반복되는 행위에 의해 입력되도록 되어 있기 때문이다.

꿈의 실현
여러분의 꿈을 여러분의 운명으로 바꾸기 위해 필요한 아주 간단한 3단계 활동은 아래와 같다.

제 1단계 : 꿈을 생각하는 것.
제 2단계 : 꿈을 형상화하는 것.
제 3단계 : 꿈을 계획하는 것.
　　　- 자신만의 경영 이념을 작성하는 것이다.
　　　- 자신의 꿈을 여러 가지 목표로 세분화하는 것이다.
　　　- 매일 할 일 명단을 작성하는 것이다.

여러분이 꿈을 생각하고 가시화하며 계획하는 능력이 뛰어나면 뛰어날수록 이 꿈을 현실화될 가능성이 커진다.

자신의 꿈을 적고 말해보기

목표를 한 문장으로 쓰면 중요한 부분에 집중하여 앞으로 할 말을 정리 할 수 있다. 또 그와 함께 스스로에게 기준점을 제공해주기도 한다.
- 육하원칙을 사용하여 쓴다.
- 한 문장으로 요약할 수 있어야 한다.

Everyday Habit

12 말을 맛있게 하라!

맛있는 말을 찾아 말하기

말을 맛있게 말하기 위해서는 마치 좋아하는 친구에게 하듯 하면 된다. 그렇게 말할 수만 있다면 뛰어난 웅변가가 될 수 있다. 뿐만 아니라 시대의 리더자가 될 수 있기 때문이다.

칭찬을 잘하는 사람이 멋진 언변력을 발휘할 수 있다. 그러므로 사람들에게 칭찬을 하라. 또한 칭찬을 받으면 하늘을 날아갈 듯 기분이 좋다.

맛있는 말은 희망적이고 긍정적인 말을 하는 것이다. "행복해, 기뻐, 즐거워, 재미있어"처럼 희망적이고 긍정적인 말을 즐겨 하면 저절로 행복해진다는 것이다.

나쁜 언어습관을 바꾸어라!

성공의 무기는 말이다. 그러므로 말을 이렇게 바꾸어라. 창조적인 말을 사용할 때 우리의 삶은 놀랍게 변화 될 것이다. 이제부터는 어떤 상황이라 할지라도 긍정적이고 생산적이고 창조적인 말만 사용하라.

나는 얼마나 성공의 무기가 되는 긍정적이고 생산적이고 창조적인 말을 사용하였는지 점검해 보자.

구분	내 용	예/아니오
1	창조적인 말을 외치고 있는가? "나도 할 수 있다!"	☐ ☐
2	부정적인 말을 절대로 하지 않았다.	☐ ☐
3	오늘 만나는 사람에게 격려와 칭찬의 말을 하였는가?	☐ ☐
4	큰 소리로 나의 비전을 부르짖고 표현하였는가?	☐ ☐
5	내 말에는 성공적 능력을 갖고 있다고 믿는다.	☐ ☐
	성공의 무기 : 개	

말을 맛있게 하기 위한 대화의 태도를 보면 아래와 같다.

- 웃음으로 대화의 벽을 낮춘다.
- 친절하게 대한다.
- 주의 깊게 경청한다.
- 상대가 대화를 주도하도록 한다.
- 자신의 말에 책임을 진다.
- 긍정적인 이미지를 유지한다.
- 존경심을 가지고 상대를 대한다.
- 상대의 체면을 살려준다.

Everyday Habit
13 메모광이 되라

메모를 생활화하라

"아차! 까먹었다." 나는 메모광!

우리들은 아무래도 사소한 일을 경시 여기기가 십상이다. 메모하는 사람은 "꽝"없이 성공한다. 메모의 습관을 지닌 사람은 좋은 지도자가 될 자격이 있다. 반드시 큰 리더자가 될 것이 분명하다.

평상시 별 대수롭지 않게 떠오른 것, 다시 말해서 별안간 번개같이 스치는 머리 속에 퍼뜩 떠오른 아이디어가 그러하다. 이런 것은 흔히 경시당하기가 쉽다.

이 작은 착상이야말로 중요한 것이다. 동서고금을 막론하고 발명이나 발견들은 모두가 이러한 순간적인 착상에서 비롯된 것이다.

아이디어라 하는 것은 언제, 어디서 떠오를지 알 수 없다. 그러므로 때와 장소를 불문하고 머리에 떠오르는 아이디어는 어떠한 형태든 보존해 둘 필요가 있다. 그러기 위해서는 언제나 펜과 종이를 몸에 지니고 다니는 것이 좋은 비결이다.

언제나 펜만은 항상 몸에서 떠나지 않게 지니고 있어야 할 필요가 있다. 메모 용지가 없어도 상관없다. 주머니 속을 뒤져보면 반드시 무엇인가가 있을 것이다. 영수증 종이라던가 명함 등 그 무엇이든 메모만 할 수 있으면 되기 때문이다.

난, 지금 펜과 메모지를 지니고 있는가?

탁월한 인물들은 다음의 특징을 갖고 있다. 그들은 모두가 메모하는 메모광이었다. 항상 작은 수첩을 늘 가지고 다닌다. 따라서 성공할 사람들은 메모하는 습관을 갖고 있어야 할 것이다.

미국의 힐러리 클린턴에게는 남다른 수첩이 있다. 그 수첩에는 인용문, 속담, 격언, 성경 구절 등이 빼곡하게 적혀 있다. 이 외에도 이슈가 되고 있는 사회, 문화, 경제 등 여러 방면에서 일어나는 일들을 수첩에 적고 이 수첩을 활용해서 언제 어디서든지 정곡을 찌르는 스피치를 한다.

잠깐 메모!

사람은 망각의 동물이다. 금방 잊어버린다. 따라서 어디에 적을지는 상관이 없다. 수첩, 노트, 서적, 휴대폰, 손에 든 신문, 손바닥도 좋다. 그리고 시간이 지난 후에 메모를 보는 순간 당시의 기억이 되살아나는 경험이 있을 것이다. 최고의 메모는 문자로 된 메모가 아니라 그림이나 기호로 된 메모를 하는 것이 좋다.

재차 강조하면, 자기를 계발하여 창조적인 삶을 주도적으로 살아가는 사람들의 특징은 기록을 남긴다는 것이다. 그렇다. 인생의 승리자들은 대체적으로 시간을 잘 지키고, 메모하는 습관을 가지며 자신의 목표를 글로 남긴 사람들이다. 그래서 어떤 분야에서든지 탁월한 사람들은 기록하는 습관을 가진 메모광이라는 것이다.

지금 당신은 메모광인가?

펜과 메모장을 활용하여 섬광처럼 영감이 스칠 때마다 그것을 기록하고 적어라. 순간적으로 떠오르는 영감을 놓치지 않고 메모하는 습관을 갖도록 하라.

영감은 무의식에서 오는 영감이다. 주신 영감, 상상력, 번뜩이는 것, 새로운 발상 등은 성공으로 끌어당기는 가치인 것이다. 그러므로 창조적인 사람은 창조적인 행동을 한다. 지금 메모지를 준비해서 지니고 다녀라. 그럼 당신도 창조적인 사람이다.

메모가 아이디어 노트

종이에 쓴다고 하는 효력은 대단하다. 자신의 생각을 메모지에 기록하는 것은 자신의 마음 위에도 그것을 기록하고 있는 것과 다름이 없다. 그러므로 평상시 퍼뜩 머리에 떠오르는 착상을 중시 여기는 습관을 몸에 익히도록 해야 한다.

나는 3개월에 한 권의 메모지 수첩을 사용하고 있으며 가방에는 항상 3권의 메모 수첩을 지니고 다닌다. 하나는 수시로 기록하는 메모지 수첩이고, 또 하나는 나와 관계하는 모든 사람들의 주소록이 담긴 메모 수첩이다. 그리고 마지막 수첩은 암기해야 할 중요 말씀이나 진리 격언, 속담, 좋은 문구 등 모음 수첩이다.

이처럼 수시로 주시는 영감이나 아이디어를 늘 적는 것이 나의 일과 중 하나이다.

그리고 집으로 돌아 와서는 다시 기록한 내용의 가치를 만들어 내 삶에 적용하거나 기록으로 남기는 작업을 항상 한다. 그래서 사람들이 나를 보고 늘 수첩을 지니고 다니는 사람으로 평가한다. 반드시 펜과 함께 메모할 수 있는 수첩을 지니고 다녀야 한다.

〈자기 점검사항〉
- 지니고 다니기에 좋은 메모지를 갖고 있는가?
- 실용적인 펜은 가지고 다니는가?
- 언제 어디서든 메모하는 습관을 가졌는가?
- 기록한 내용을 실용적으로 삶에 적용하는가?
  (시장갈 때, 외출시, 방문시, 누굴 만날 때, 등산이나 여행할 때, 화장실..)

〈팁〉 메모의 요령
(1) 생각이 떠오르는 그 순간 바로 메모하라.
(2) 어떤 곳이든 닥치는 대로 적어라.

(3) 메모한 것을 확실히 눈에 뛰는 곳에 둔다.
(4) 그림과 문자가 뒤섞인 복합형 메모를 활용하라.
(5) 메모는 한 마디로도 족하다.

반드시 기억하라! 성공하는 사람들은 다 메모광이다.

Everyday Habit
14 상대를 칭찬과 격려하라

일일 3회 이상 칭찬과 격려를 하라!
"칭찬은 고래도 춤추게 한다." 라는 말이 있다.

칭찬처럼 상대를 기쁘게 할 수 있는 것은 세상에 달리 없다. 사람은 결국 이 아름다운 말을 듣기 위해 존재한다는 것이다. 인간관계에도 중요한 법칙이 있다. 바로 상대를 칭찬하는 것을 습관화하는 것이다.

하버드 대학교의 윌리암 제임스 교수는 인간의 근원을 타인에게 인정받고 싶은 소망이라고 말하였다. 그래서 인간이 동물과 구별되는 점이 바로 이것이다. 인간은 누구나 주위로부터 인정받고 싶어 한다.

[상대]
 칭찬   ===〉 자신감을 갖게 한다.
              희망에 부풀게 한다.
              힘이 솟는다.
[나]
 칭찬   ===〉 행복해 진다.

인간은 늘 진심에서 우러나는 칭찬에 굶주려 있다. 그래서 일본인의 교훈을 보면 알 수 있다. "칭찬에 능숙하게 될 때까지 절대로 결혼해서는 안 된다."

다음의 칭찬과 격려의 말을 선물하라!

"키가 늘씬하게 커서 멋있다."

"핸섬하다."

"미인이다."

"붙임성이 있다."

"눈표정이 대단히 매혹적이다."

"웃음소리가 예쁘다."

"손이 아주 곱다."

"눈웃음이 아주 섹시하다."

"자네는 역시 눈치가 빨라."

사람에게 힘이 되고 시원한 청량제가 되는 것이 있는데, 그것이 무엇인지 아는가? 바로 "칭찬"이다. "칭찬"이 가장 좋은 커뮤니케이션 일 것이다.

"칭찬은 고래도 춤추게 한다"의 저자 켄 블랜차드는 동물인 고래도 칭찬과 격려가 더 좋은 효과를 가져 왔다는 것이다. 하물며 동물도 칭찬의 효과를 보는데, 사람에게 칭찬은 생명까지도 연장시켜 준다는 과학적 근거가 있다. 다시 말해서 칭찬은 보약의 효과가 있다.

여러분이 누구든 만남의 기회에서 의도적일지라도 칭찬과 격려의 말을 하게 되면 놀라운 긍정의 결과를 맛보게 될 것이다. 또한 그 말에 진심을 담은 칭찬과 격려의 말이라면 놀라운 기적을 체험하게 될 것이다. 그런데 그 칭찬과 격려의 말이 습관화되어 삶 가운데 날마다 표현된다면 당신은 말의 창조적 역사를 그 자리에서 보게 될 것이다.

다음 아래의 4가지 각각 다른 형태의 칭찬과 격려의 말이 얼마나 큰 위력을 지니고 있는지 발견할 수 있을 것이다. 이것은 필자의 실전적인 경험이자 습관이다.

〈실전 사례〉 삶에 실천하기

1. 미장원에서 생긴 일

"오랜만에 보네요. 전 보다 더 예뻐졌네요!"

위 한마디의 말에 헤어 디자이너는 밝고 기분 좋은 상태로 5분 다듬어야 할 머리를 10분이나 세밀하고 정성으로 머리를 관리해주었다. 그리고 말도 걸지 않았던 디자이너가 말도 걸어왔다. 더 발전해서 커피까지 얻어먹었다.

2. 꽃집에서 생긴 일

"선생님처럼, 이렇게 예쁜 꽃을 만들어 주셔서 감사합니다!"

한 번은 꽃을 사야 할 일이 있어 꽃집에 들렀다. 그리고 주문한 꽃을 받고 계산을 하면서 위 말 한마디에 웃음은 물론이고 손님을 대하는 인사가 달라졌다.

3. 학교 동료로부터 생긴 일
"오늘 옷이 너무 예뻐요. 진짜 공주처럼 보여요…"
위 말 한마디에 함께 공부하는 동료는 무척이나 밝은 모습으로 시간을 보냈고, 나에게 더 관대해 주었다. 그리고 휴식 시간에는 커피까지 뽑아 주었다.

4. 구두 수선점에서 생긴 일
"이렇게 거울처럼 깨끗하게 닦아 주셔서 감사합니다. 정말 깨끗하네요!"
위 말 한마디에 아저씨는 입에 미소를 지으며 기쁘게 인사를 받아 주었다. 그리고 "또 오세요. 잘 닦아 드릴게요." 인사까지 받았다. 무척이나 기뻐하시는 모습을 볼 수 있었다.

5. 효과적으로 칭찬하기
칭찬을 하되 몇 가지 기술이 필요하다. 다음의 3가지를 잘 훈련하여 사용한다면 당신은 대단히 좋은 관계를 유지하게 될 것이다.

- 칭찬을 하되 진심이 담겨 있어야 한다.
- 상황에 맞게 칭찬한다.
- 칭찬은 확실하고 구체적으로 하라.

〈행동 지침서〉 일일 3회 이상 실천하기

칭찬 및 격려 점검하기

칭찬하라! / Self Check

단위	횟수	대상	칭찬의 말	결과

확인란 : (1)　　　(2)　　　(3)　　　(4)
　　　　 (5)　　　(6)　　　(7)　　　(8)
　　　　 (9)　　　(10)　　(11)　　(12)

Everyday Habit

15 독서광이 되라

매일 책을 읽으라

요즘 사람들을 보면 책만 손에 잡으면 곧 싫증을 내거나 조는 사람이 적지 않다.

이것은 자기 억제가 결여되어 있기 때문이다. 성공하고 싶다면 필히 하루에 한 시간만이라도 독서를 하라. 꾸준히 독서하는 습관을 자녀나 직원들과 함께 익히기 바란다. 독서는 정신을 살찌우게 하는 근본이 되기 때문이다.

우리가 하루에 밥을 세 번을 먹는다면, 책도 세 번을 먹어야 살 수 있는 것이다.

각 분야의 성공한 사람들과 탁월한 리더자들을 과거에서부터 현재까지 조사해 보았더니 그들의 공통된 성공요소가 하나 있었는데, 그것이 바로 책을 읽는 성공습관과 학습을 한다는 것이다. 그들은 대부분이 책을 많이 읽은 독서가들이다. 꿈을 이루기 위해서는 지식과 정보를 습득해야 한다.

최고의 부자 빌 게이츠는 현재도 자신의 개인 도서관을 가장 아낄 정도로 유명한 독서광이다. 약 1만 4000여권 이상의 장서를 개인 도서관에 보관하고 있다.

미국 최고의 투자자인 워렌 버핏은 하루의 3분의 1을 책과 투자 자료 등을 읽는 데 시간을 보낸다고 한다. 월가에서 가장 존경받는 펀드 매니저인 존 템플턴 경은 "자기 자신을 살아 있는 도서관으로 만들라"고 하였다. 동아시아 최대의 갑부인 홍콩의 리카싱은 매일 잠자리에 들기 전 30분 정도 책을 읽는다. 그렇다. 책은 부자가 되는 데 필수적인 수단이다.

　21세기엔 필히 두 가지를 해야 하는데 하나는 독서이고 다른 하나는 자기계발의 학습이다. 빌 게이츠가 독서광이 된 것은 누구의 영향력이었을까?

　어머니 덕분이었다. 책을 읽도록 텔레비전 시청을 금지했다. 그래서 빌 게이츠는 현재도 일 년에 몇 번이고 별장에서 사람의 접촉을 끊은 채 독서와 사색을 통해 새로운 사업 아이디어를 얻는다.

　당신은 한 달에 몇 권의 책을 읽고 있는가? 새로운 사업 아이디어나 좋은 발상을 위해 별도의 장소에서 책을 읽기 위한 별도의 시간을 갖고 있는가?

각 분야의 리더자들은 월 몇 권의 책을 읽을까?

최소 4,5권의 책을 읽고 많게는 10권의 책을 읽는다는 것이 일반적인 통계이다. 그러므로 당신도 성공하고 싶다면 반드시 책 읽는 습관을 갖추어라.

스피치를 잘 하려면 들은 것이 많아야 하고 또 아는 것이 많아야 한다. 그렇기 위해서는 매주 한 권 이상의 전문 서적이나 관심분야 서적을 읽어야 한다. 이것이 습관화되어야 한다. 그런데 요즘 사람들이 좀처럼 책을 잘 읽지 않는다는 것이다.

그러므로 말을 잘 하려면, 최근 시사 중요 정보들을 습득하여 암기하고 정리해 두어야 한다. 그리고 전문분야의 신문구독 및 잡지를 정기적으로 구독한다. 그래서 최근 사건과 화제, 정보에 대한 것을 얻을 수 있어야 한다. 특히 전문성을 갖추고 있는 책과 인물 서적을 많이 읽도록 하라. 그리고 필요한 자료나 정보들을 자료화하여 보관해 둔다.

성공으로 가는 습관의 원리

나를 위해 최소한 월 2,3만원을 고정적으로 투자해야 한다. 그것이 책을 사는 것이다. 이것은 육신의 헬스보다 더 유익한 내면의 헬스인 것이다.

가장 먼저 가져야 할 습관이 정기적으로 서점에 가서 또는 온라인 서적을 통해 책을 매월 3,4권정도 구입하는 습관이다. 그리고 책을 늘 지니고 다니면서 틈만 나면 읽는 습관화가 되어야 한다. 다 못 읽을지라도 미련 갖지 말고 매주 가볍게 읽으면서 읽는 속도를 올려라. 여기서 중요한 것은 책을 늘 들고 다니는 습관부터 갖는 것이다. 혹 서재에 있던 과거의 책을 읽는 것도 좋은 습관중의 하나다. 그래서 책을 가까이 하는 것이 중요하다.

[원리1] 매월 초 1권의 책을 무조건 사라.
[원리2] 책을 늘 들고 다니는 습관을 가져라.
[원리3] 구입한 책은 적어도 서문, 앞부분만이라도 읽어라.
[원리4] 후에 시간적인 여유가 읽을 때 다시 읽는다.

〈행동 지침서〉
- 독서를 습관화한다.
- 목차나, 중요 부분을 훑어보고, 발췌하여 활용한다.
- 주제에 초점을 맞춘다.
- 독서 모임을 이용한다.
- 독서를 통해 시사상식을 따라 잡는다.
- 인터넷 정보도 활용한다.

책을 많이 읽으면 타인의 생각을 공유할 수 있다. 게다가 지적 수준이 향상되고, 보다 나은 화술을 구사할 수 있게 된다.

책을 읽어라! / Self Check

성공하는 자의 첫 번째 습관은 책을 읽는 것이다.

주	년/월/일	책 제목	지은이/출판사	확인

Everyday Habit

16 볼 때마다 인사하라 - 꾸벅!

월마트를 창립해 전 세계에서 가장 부자가 된 '샘 월튼'의 비결은, 학창시절부터 인사를 잘하는 것이었다. 그는 누구에게든지 먼저 인사를 하고 대화하기 시작했다. '인사' 이것이 리더십의 한 요소이다. '인사'를 할 수 있다면, 난 리더자이다.

인사는 커뮤니케이션의 가장 효과적인 수단이다. 가장 쉽게 사귈 수 있다는 인상을 주는 것은 바로 '인사'이다. 긍정적인 태도를 보여주는 최고의 친절이다.

"안녕하십니까!"

인사, 마음을 움직일 수 있는 힘

"안녕하세요" 큰 소리로 인사를 잘 하는 사람이 성공하게 되어 있다. 인사의 참된 의미는 무엇일까? 그것은 자신 쪽에서 마음을 열고 상대에게 다가가는 것이 아닐까 생각한다. 그러나 우리들은 자신 쪽에서 먼저 상대에게 말이나 인사를 건네는 습관은 거의 없다. 특히나 우리나라 사람들은 낯선 사람에게 자신이 먼저 "안녕하십니까!"라고 선뜻 말을 건네지 못한다는 것이다. 당신 자신은 어떤가?

인사는 성공을 끌어당기는 가장 강력한 힘을 지니고 있다.

인사를 잘 하는 사람이 성공한다. 과거나 현재나 미래나 변치 않을 성공의 습관 중 하나이다. 요즘 사회에서 인사 잘 하는 사람을 찾기 매우 힘들다고 한다. 그러므로 인사 잘하는 사람들이 성공하기란 그리 어렵지 않다.

일상적인 인사가 아니라 상상력이 풍부한 인사를 나누어라.

이제 무심이 행해지는 표준화돼버린 인사는 의식이다. 따라서 사람의 마음을 움직일 수 있는 창조적인 인사법을 만들어 사용하라. 예를 들어 관례적인 인사를 보면 다음과 같다.

추가적으로 말하면 부정적인(negative(-)) 인사는 부정적인 대답으로 반응된다는 것이다. 따라서 긍정적인(positive(+)) 인사를 하면 긍정적인 대답으로 반응된다.

관례적인 인사(-)	긍정적인 응답(+)
"잘 지냈니?" "별일 없지?" "어떻게 지내니?" "안녕?"	"나 매우 행복해!" "무척이나 기뻐!" "좋은 날이야!"

자, 이제부터는 상냥하게 먼저 말을 건네 보도록 하자. 먼저 인사하는 습관을 들이는 것도 당신에게 플러스가 될 것이다. 이 훈련을 통해서 되풀이 되는 의례적인 인사가 아니라 우리 자신을 움직일 수 있는 인사를 하라. 중요한 것은 관례적인 인사를

하지 말라. 모두 일렬로 서서 돌아가면서 인사를 한다.

- 실전1 - 직장에서 늘 얼굴을 마주대하는 동료에게도 먼저 인사를 건네 보도록 하라.
  (남성이 부하인 여직원에게)
  "좋은 아침이군! 오늘은 유난히 이뻐 보이는데!"

- 실전2 - 여행을 한다든지, 초면이라면 이렇게 한다.
  "이 자리에 좀 앉아도 될까요?"
  "실례지만 이 지방분이십니까?"
  "안녕하십니까!"

- 실전3 - 긍정적인 질문을 만들어 본다.
  창조적인 인사법에서 주의사항으로는 의례적이거나 관례적인 인사법은 결국 부정적인 응답으로 되돌아온다.

훈련하기 〈 인사 선택 방법 〉
(1) 악수하기
(2) 껴안기(허깅)
(3) 하이파이브

(4) 주먹끼리 부딪치기
(5) 머리 숙여 인사하기
(6) 말로 인사하기. "안녕하십니까!"

당신이 먼저 "안녕하십니까!"하고 인사를 한다면 상대는 반갑고 친숙하게 반응해 올 것이다.

Everyday Habit

17 나의 목표와 슬로건을 글로 써라

"인간은 목표를 추구하면서 살아가도록 만들어 졌다."

성공한 리더들의 공통적인 특징이 있다고 한다. 그들의 특징은 잘 살아보겠다는 큰 욕망, 즉 반드시 세운 목표를 이루겠다는 강한 의지를 갖고 있었다는 것이다. 반면, 실패한 사람의 특징은 못 사는 것이, 안 되는 것을, 실패한 것을 다 환경 탓으로 돌린다는 것이다.

소크라테스의 한 제자가 하루는 "선생님, 저는 지식을 얻기를 원합니다."하고 말했다. 그러자 소크라테스는 "나를 따라오게" 하고는 제자를 바닷가로 데려갔다. 그리고는 갑자기 제자의 머리를 물속에 쳐 박았다.

제자는 숨이 막혀 필사적으로 머리를 빼내려고 했다. 소크라테스는 제자를 물 위로 끌어 올리면서 "자네가 물 속에 있는 동안 무엇을 원했는가?"하고 물었다. 사색이 된 제자는 "공기를 마시고 싶었습니다."하고 대답했다. 그러자 소크라테스는 "자네가 있는 힘을 다해 숨쉬기를 원하고 노력했듯이 지식을 그처럼 갈망한다면 꼭 얻을 수 있네."하고 말했다.

물속에 빠졌을 때 공기를 열망하듯이, 이처럼 성공에 대한 강렬한 열망이 있어야 성공을 기대할 수 있다. 그저 대충 하다가 되면 되고 안 되면 그만이라는 태도로는 성공은 절대적으로 불가능하다.

　구체적인 목표를 세운 사람만이 정상에 도달할 수 있다. 즉 구체적인 목표가 없으면 결코 자신의 삶을 주도할 수 없다. 따라서 날마다 성공적인 이미지를 습관화하라. 날마다 구체적인 그림이나 표어를 눈으로 보고 읽을 때에 마음속에 이미지가 형성되기 때문이다.

　인간이란 어떤 면에서 자전거와 같다. 자전거는 오로지 앞을 향해 전진하고 있을 때만 평행과 균형을 유지한다.

　당신의 자전거는 아주 훌륭하다. 문제는 당신이 아무 데도 가지 않고 한 곳에 가만히 멈추어 있으면서 균형을 잡으려고 하니까 뒤뚱거리고 흔들리는 것이다.

　성공한 사람들 3%은 글로 작성된 구체적인 목표를 갖고 있었다. 그리고 10% 글로 작성하지는 않았지만 마음속에 몇 가지 목표를 품고 있었다. 그러나 나머지 87%는 아예 목표조차 없었다. 혹시 당신이 아예 목표조차 없는 사람은 아닌가?

　비전이 먼저이다. 비전이 있어야 질주할 수 있는 것이다.

　월트 디즈니는 모든 사람을 행복하게 해 준다는 원대한 비전을 품고 오락 산업의 정의를 바꾸어 놓았다. 그리고 헨리포드는 자동차의 대중화를 꿈꾸었고, 빌 게이츠의 비전은 컴퓨터 윈도

우즈의 대중화를 갖고 왔다.

"당신은 인생의 구체적인 목표를 글로 써 놓은 것이 있습니까?"

〈행동 지침서〉 나의 목표를 작성하라.
- 목표가 있는 사람은 말은 적으며 행동을 많이 한다.
- 목표가 있는 사람은 말은 적으며 확신에서 힘을 얻는다.
- 목표가 있는 사람은 말은 적으며 문제가 생겨도 계속 전진한다.

목표를 글로 기록해 보라
"성공을 원한다면 먼저 성공할 수 있다는 자신감을 가져라!"
꿈을 가져라. 꿈을 갖고 있으면 성공하게 된다는 것은 어느 운동선수의 이야기 속에서도 찾아볼 수 있다. 성공한 운동선수에게 기자가 물었다. 그 비결이 무엇인가?
"제가 성공할 수 있었던 이유는 마음속에 승리의 꿈을 품었기 때문입니다."

한 연구에 의하면 인간의 95퍼센트가 자신의 인생 목표를 글로 적어 본 적이 없다고 한다. 목표를 구체적으로 써서 실천한 사람들만이 목표를 성취하였다고 한다.

머리로 생각하는 것만 가지고 안 된다. 목표를 글로 쓰면 자신이 쓴 글에 대해서는 책임을 느끼고 그 글에 기록한 대로 살려고 하는 열망이 생긴다. 목표를 글로 기록한다는 것은 어려운 것이다. 그러나 목표를 성취하기 위해서는 대가를 지불해야 한다. 지금 목표를 글로 기록하라.

나의 목표를 세울 때는, 다음의 항목을 고려해서 세워야 할 것이다.

하나, 좋아서 하는 것인가?
둘, 다른 사람들을 섬길 수 있는가?
셋, 현실성이 있는가?

목표를 글로 기록한다는 것은 목표를 향한 불타는 소원이다. 그리고 뜨거운 갈망이다. 이 과정을 통해서 강한 열정이 만들어지는 것이다. 열정은 곧 성공을 만드는 원천이 되기 때문이다. 열정 없는 성공이란 있을 수 없다.

〈행동 지침서〉

지금 나의 목표를 글로 기록한다. 그리고 발표를 통해서 뜻을 성취할 수 있는 터전을 마련하게 한다. 지금 시간을 갖고 적는다. 종이에다가…

목표를 종이에 구체적으로 적어보아라. 구체적으로 기록한대로 행동하게 된다. 그리고 꿈을 이루어지는 것이다. 열정이 있는 사람만이 나의 꿈을 종이에 기록할 수 있는 것이다.

☞ **나의 슬로건을 만들어라.**

　슬로건을 만들 때 주의 사항은 구체적이고 짧고 외우기 쉽고 그리고 측정 평가가 쉬워야 한다.

　이와 같이 우리가 마음속에 어떤 그림을 그리고 그 그림을 집중적으로 바라볼 때 놀라운 창조적 힘이 생겨난다.

성공에 이르는 목표

1. 내가 잘 하는 것은?
2. 다음에 하고 싶은 것은?
3. 현 내 위치는?

Everyday Habit
18 좋은 인상을 선물하라

"인상이 좋은 사람은 그렇지 않은 사람보다 성공할 확률이 훨씬 높다."

옛날부터 전해져오는 속담에 "소문만복래(웃는 집안에 복이 찾아온다.)"라는 말이 있다. 명랑하고 밝은 웃음은 혈액의 순환과 백혈구의 작용을 증가시키는 능력이 있어 건강하기 마련이다.

밝은 미소의 습관
- 유쾌한 농담 → · 웃음을 터트린다.
  - · 분위기가 밝아진다.
  - · 기분을 전환한다.
  - · 활기를 불어 넣는다.

첫인상이 형성되는 시간은 약 3, 4초

성공적인 인간관계를 위한 가장 중요한 커뮤니케이션은 바로 첫인상이다. 그래서 많은 사람들로부터 첫인상의 중요성을 한두 번은 들었을 것이다. 성공자들은 첫인상의 중요성을 잘 알고 있기 때문에 첫인상을 가꾸기 위해 부단히 노력한다.

놀라운 과학적인 근거를 보면 첫인상이 형성되는 시간은 약 3, 4초 정도! 그리고 첫인상을 결정하는 것은 첫눈에 들어오는 생김새나 복장, 표정, 말투, 태도 등 극히 제한적인 정보에 의해서 결정된다는 것이다.

문제는 한번 형성된 첫인상은 여간해서 바꾸기 어렵다는데 있다. 따라서 처음으로 누군가를 만날 때는 첫인상의 중요성을 알고 그것을 좋게 만들려는 노력을 해야 한다.

예를 들어 내 생각 속으로 상대의 눈이 예쁘게 들어 온 눈은 그 눈이 장님의 눈이 되어도 예뻐 보이는 것이다. 이것이 첫인상의 커뮤니케이션이다.

〈스스로 점검하기〉
- 평소에 좋은 첫인상을 남기기 위한 노력을 기울여야 한다.
- 긍정적이고 배려 있는 태도를 행동해야 한다.

상대방을 처음 만나서 평가하는 데 걸리는 시간은 약 3,4분

사람이 상대방을 처음 만나서 평가하는데 걸리는 시간은 약 3,4분 정도 이내라고 말 한다. 그때, 무엇보다도 중요한 것은 그 사람의 외모와 복장이다. 그리고 첫 언어들일 것이다.

상대방을 처음 만났을 때, 자신과 유사한 점을 발견하면 빨리 친해질 수 있다. 같은 고향, 학교, 지역, 직업 등 동질감을 느낄 수 있는 요소를 찾아라. 같은 것에 사람은 호감을 갖기 마련이다. 상대의 부정적인 생각을 수정할 수 있는 마지막 시간이다. 좋은 감정은 더욱 더 확고하게 밀어붙일 수 있는 시간임을 기억하라.

그리고 누군가를 만날 약속이 있으면 사전에 그가 어떤 사람인지, 직업과 취향 등 미리 파악하여 대화를 나눌 수 있는 정보를 습득해 둔다.

〈행동 지침서〉 말할 때 미소를 갖고 말하기
- 말을 할 때, 밝은 미소를 가지고 말하고 대화하라.
- 우울하고 어두운 사람은 호감을 사지 못한다.
- 밝고 쾌활한 사람 주변에 사람들이 몰리게 되어 있다.
- 언제나 쾌활하게 웃을 수 있는 사람은 행복하다.

Everyday Habit

19 명함(카드)을 활용하라!

　명함은 그 사람이 무엇을 하는지, 어떤 직책에 있는지, 연락처는 어디인지를 알려주는 중요한 정보 요소이다. 그러나 많은 사람들이 명함의 중요성과 그 기능을 잘 이해하지 못하고 활용하지 못하고 있다는 것이다. 명함은 밖에서 사업하는 사장이나 영업사원만이 지니고 다니는 것이 아니라 나의 고유 가치를 알리고자 하는 모든 사람들이 지녀야 할 것이 바로 명함이다.
　명함을 활용하라. 명함은 첫인상을 좋게 하는 커뮤니케이션의 수단이 되기도 한다. 명함은 커뮤니케이션의 중요한 수단이므로 다음과 같은 점에 유의해야 한다.

- 기억에 남는 명함을 만드는 것이 좋다.
- 명함은 비용이 좀 들더라도 전문가에게 맡기는 것이 좋을 것이다.
- 명함은 인사를 나누면서 자연스럽게 건네는 것이 좋다.
- 명함은 깨끗하게 보관했다가 전달하는 것이 좋다.
- 명함은 항상 갖고 다닌다.
- 명함관리를 잘하면 휴먼네트워킹에 성공한다.

명함관리 요령

명함관리를 통해 사람을 관리하는 것도 배울 수 있으며 성공을 관리하는 것이다.

- 명함을 받으면 늘 감사하는 자세로 상대방을 기억하도록 노력하라.
- 명함을 받으면 3일 이내에 상대에게 문자, 메일, 편지를 쓰는 습관을 들인다.
- 명함을 명함철에 보관하면서 상대방을 기억한다. 그리고 만날 때는 명함과 메모 사항을 읽어본다.

나만의 성공 가치로 된 명함을 만들어라

오늘날은 나를 소개하거나 인사를 할 때 필요한 것이 바로 명함이다. 직위고하를 막론하고 누구나 자신만의 성공 가치가 담겨 있는 명함을 만들어 나누는 것이 인사가 된지 오래다. 지금 당장 나만의 고유 가치를 명함으로 만들어 활용하라. 명함을 만들 때, 새롭고 차별화되고 아이디어가 충분히 들어간 명함을 제작하여 사용하라.

- 이미지
- 이름
- 전화번호
- 블로그
- 이메일
- 전문 특기

(최근 명함 한 통에 싸게는 4천 원 정도면 만들 수 있다. 또는 PC로 작업하여 얼마든지 사용할 수도 있다.)

Everyday Habit
20 유머를 사용하라

21세기는 분위기 메이커가 리더자가 되는 시대이다. 유머는 마음의 여유이며 웃음은 인간관계의 윤활유라 할 수 있을 것이다. 대부분의 동물은 울 수는 있으나 웃는 모습을 보기란 쉽지 않다. "동물 중에서 웃는 것은 인간뿐이다."라고 말한 것은 고대 그리스의 대철학자인 아리스토텔레스이다.

인간은 우는 얼굴보다도 웃는 편이 훨씬 매력적으로 보인다.

시작과 중간 그리고 끝에 유머를 마음껏 웃길 수 있는 스피커가 진짜 최고의 스피커이다. 그러기 위해서는 평상시에 책과 유머 정보를 수집하여 내가 소화될 때 까지 연습하고 훈련하는 과정이 필요하다.

대화나 스피치에서 유머는 상황을 극복하게 해 주는 최고의 도구이다. 평소에 자료를 준비하고 가벼운 에피소드를 이용하면 좋다. 그러나 다른 사람을 놀리는 유머를 하지 않아야 한다. 에피소드는 실제로 있었던 짧은 이야기로서 상황을 이완시켜준다.

이런 유머와 에피소드는 피하라.
① 다른 사람을 무시하는 것

② 성차별적인 것
③ 다른 사람을 놀리는 것
④ 주제와 관련이 없는 것

Everyday Habit

21 먼저, 말할 내용을 기록하라!

　말을 잘 하기 위해서는 말하기 전에 말할 내용을 생각한다. 그리고 즉시 메모지에 전달할 메시지를 요약 기록한다. 그래야 원하는 결과를 얻을 수 있다. 말 잘하는 사람들은 메모의 습관을 갖고 있다. 따라서 항상 메모 수첩을 준비해 가지고 다닌다.
　대화의 기본은 상대의 말을 경청하는 것이다. 경청기술은 말하는 기술보다 더 힘든 기술이다. 따라서 경청하며 말할 내용을 메모한다.
　나는 반드시 메모수첩과 펜을 준비하여 가지고 다닌다. 심지어는 화장실 갈 때도 지닌다. 뿐만 아니라 내가 모셨던 외국인 선교사는 항상 상위 옷 좌측 포켓에 메모지와 펜을 꽂아 다니며 즉시 아이디어와 번뜩이는 발상을 놓치지 않고 기록한다. 그리고 60대의 한 사장님은 메모를 습관화하여 사업과 대인관계에 큰 유익과 성장을 가져다주었다고 말한다. 만약 우리가 아래의 내용을 말할 때, 내가 습관화되어 있다면 당신은 말 잘하는 사람으로 불려 질 것이다.

① 말할 내용을 미리 생각하고 메모한다.(재빨리)
② 부정적인 생각을 하지 말고 긍정적인 결과를 생각한다.(긍정)

③ 메모수첩을 준비한다.(펜)
④ 대화에 집중하고 상대방의 말을 들으면서 중요 아이디어를 메모한다.(발상)
⑤ 말하기 전에 최종적으로 생각하고 상대가 이해할 수 있는 수준의 말로 표현한다.(의사소통)

〈행동 지침서〉 실용적인 기법 5가지
①
②
③
④
⑤

말에 그림을 그려 넣는다. 듣는 사람은 먼저 감각기관(시각, 촉각, 후각, 청각, 미각)을 통해 먼저 정보를 받아들인다. 그리고 간결하게 말하라. 즉 메시지에 명확성, 산뜻함, 힘을 실어주는 것이다. 짧은 문장으로 기록하고 말한다.

Everyday Habit

22 말은 태도와 표정이 중요하다

　자신감을 갖고 말을 하는 사람은 눈을 맞추며 얘기한다. 말은 귀로 듣는 거라 다른 데를 쳐다보면서 설명을 들을 수 있다고 생각하면 큰 오산이다. 말하는 사람의 눈을 쳐다보며 듣는 것이 가장 좋다. 그럼 말하는 사람도 "내 말을 아주 잘 듣고 있네!" 하고 더 신나게 말할 수 있다.

말할 때는 상대방의 눈을 보라!
　두어 사람끼리 이야기 나눌 때 눈을 맞추는 것이 쑥스러우면 코나 이마 등 얼굴을 쳐다보아도 된다. 눈을 맞추며 이야기하면 훨씬 잘 전달할 수 있고, 마음도 더 잘 통한다. 여러 사람 앞에서 이야기할 때는 사람들의 얼굴을 골고루 둘러보며 이야기하는 것이 좋다.

맞장구를 쳐라!
　이야기를 나눌 때, 상대가 말을 쉽게 할 수 있도록 맞장구를 쳐주라는 것이다. 그러면 상대방은 이러한 심리적 배려에 감사하여 자기가 하고 싶은 이야기를 다 털어 놓는다.
　상대의 말에 맞장구를 쳐주면 상대를 존중해 준다는 표현이며, 공감대가 이루어진다. 그래서 말하는 사람의 의도를 이해했다는 것을 반응하는 것이다. 이것 역시 기술이기 때문에 훈련과 연습이 필요하다. 따라서 단순히 고개를 끄덕이거나 눈을 마주치기만 해서는 안 된다. 그 이상의 것이 필요하다. 이러한 반응은 상대방에게 자기 말을 경청하고 있다는 확신을 강력하게 준다.

- 고개를 끄덕인다.
- 눈을 마주치기를 한다.
- "그래요, 맞아, 아!, 와!, 정말?, 그랬구나, 어쩌니?" 등으로 반응한다.
- 반응의 소리를 하되, 좀 과잉하여 반응 소리를 낸다.
  "그렇군요"
  "예"
  "정말인가요"

상대방의 이야기에 맞장구를 쳐준다면 그 사람은 신이나서 자신의 이야기에 열중하게 될 것이다.

〈행동 지침서〉 상대의 말에 맞장구를 쳐주어라!
- 능동형의 표현을 사용한다.

• 성차별이 없는 어휘를 사용한다.

좋은 이미지를 심는다. 일반적으로 옷차림, 맵시, 태도 등이 첫인상을 결정하며, 이 때문에 사람들은 상대가 말하기도 전에 선입견을 갖는다.

Everyday Habit

23 볼펜 물고 연습하라!

말을 잘 하기 위해서는 매일 15분 씩 입술에 볼펜을 물고 연습하라. 그러면 어휘력을 향상시키는데 큰 도움이 된다. 혹시 말을 또박 또박 잘 하고 싶은가?

또 정확한 발음으로 말하고 싶은가? 이 모든 것의 해결책은 오직 연습뿐이다.

말을 잘 하기 위한 가장 좋은 해결책은 입술에 볼펜을 물고 큰 소리로 단어나 문장을 읽는 것이다. 어디에서 이런 근거를 가져왔는가, 고대 그리스의 위대한 웅변가 데모스 테네스는 말을 또박 또박 하기 위해서 입안에 자갈을 물고 연습했다고 한다.

정확한 발음으로 말하라!

"웅얼웅얼, 중얼중얼…"말하지 말라!

천천히 또박또박하게 말하여라. 말할 때는 천천히 또박 또박 해야 한다.

발음 연습으로 가장 좋은 방법은 소리 내어 책을 읽는 것이다.

〈또박또박 말하기 훈련〉 무슨 말인지…,

- 소리 내어 책을 읽는다.

발음에 신경을 쓰며 국어책이나 이야기책을 큰 소리로 읽는다.
내 목소리를 들으며 이상한 발음은 여러 번 읽어 교정한다.
매일 성공으로 이르는 지혜서를 읽는다.

- 볼펜 물고 책 읽기
  발음이 잘 안 될 경우, 볼펜을 입에 물고 책을 읽는다.
  이 방법은 여러 달 꾸준히 해야 효과가 있다.

- 발음이 어려운 단어나 문장을 집중적으로 훈련한다.

발음연습 예문

저기 저 뜀틀이 뛸 뜀틀인가 내가 안 뛸 뜀틀인가.
강장공장 공장장은 강공장장이고,
　　　　　된장공장 공장장은 장공장장이다.
저기 있는 말말뚝이 말 맬 만한 말말뚝이냐
　　　　　말 못 맬 만한 말말뚝이냐.
저기 있는 저분은 박 법학박사이고,
　　　　　저기 있는 이 분은 백 법학박사이다.

- 바른 말, 고운 말, 예쁜 말을 쓰라!
  평상시에 바른 말, 고운 말을 쓴다.

진짜 멋진 모습은 우리말을 바르고, 곱게 사용하는 것이다.

좋은 어휘력 향상
 - 단어를 듣고 읽는다(테이프)
 - 단어를 큰 소리로 읽는다.
 - 단어를 자신의 문장이나 스피치에 활용한다.
 - 단어장을 만들어 암기한다.
 - 책을 많이 읽는다.

• 발음이 어려운 단어나 문장을 집중적으로 훈련한다.
 말을 명확하게 끝내라!
 말 끝을 흐리게 하는 것은 듣는 사람을 답답하게 하는 나쁜 언어 습관이다.
 정말 듣는 사람을 짜쯩나게 하는 나쁜 습관이므로 빨리 고쳐라!

〈사례보기〉

 말 끝을 흐린다.　　　"~ 생각은 하는데….,"
 말의 시작에.　　　　"글쎄….,"
 　　　　　　　　　　"내 생각은 말이야,"
 중간에 군소리를 넣는다. "어, 그러니까 어,"

군더더기 표현 "아~", "어~" 또는 "를~" 쓰지 않기 위해서는 녹음해서 들어보고 군더더기 표현을 쓰지 않으려는 연습만이 교정이 가능하다. 또한 말하는 중간 중간 헛기침이나 킁킁거리는 소리도 찾아낸다.

정확한 발음
 - 정확한 발음을 실제로 연습해 보는 것이다.
 - 발음이 좋은 방송을 들어본다.
 - 거울 앞에서 연습하면서 움직임을 관찰한다.
 - 정확한 발음에 강세를 주면서 시나 글을 큰 소리로 읽는다.
 - 수시로 혀, 턱, 입술 운동을 한다.
 - 큰 소리로 발성 연습을 한다.

〈행동 지침서〉 발음 연습하기

각자 15분씩 주어진 문장을 읽는다. 단 조건은 입술에 볼펜을 물고 연습한다.
이 훈련과정은 매일 반복적으로 이루어져야 한다. 시작!

Everyday Habit

24 절대 부정적인 말을 하지 않는다!

행복한 삶을 원한다면, 절대로 부정적인 말을 사용해서는 안 된다. 결국 모든 파괴와 깨어짐은 나쁜 언어 습관에서부터 시작되는 것이다.

사람은 무엇을 먹고 자랄까? "밥"을 먹고 자란다. 틀렸다. 사람의 껍데기는 그럴 수 있으나, 알맹이는 말을 먹고 자란다. 그래서 긍정적인 말 한마디가 나를 행복하게 해 주기도 하고, 기분 좋게 만들기도 한다.

피곤해! 짜증나! 귀찮아! 죽겠어!

하룻 동안 내 입에서 이런 부정적인 말이 나온다면, 난 긍정적인 사람이 될 수 없다. 즉 부정적인 말을 하게 되면 나와 행복은 멀어지게 된다. 대신 긍정의 말을 하게 되면, "고마워! 기분 좋아! 행복하다!" 같은 말을 자주 사용하면 행복은 나의 것이 된다.

나쁜 언어습관을 바꾸어라!

"바보 같이",

"그것도 몰라?",

"네가 그렇지 뭐",

"비아냥거리는 말",
"빈정대는 말",
"비웃는 말",
"무시하는 말",
"투덜대는 말",

상대의 약점을 콕콕 찌르는 말, --〉 치명적인 상처를 주게 된다.

〈행동 지침서〉 이래 비유적인 언어를 더 사용한다.
비유적인 언어를 사용하면 주제를 보다 생생하게 만들 수 있다. 예를 들어 "황소처럼 강인한" 같은 표현이 있다.
또 은유를 활용한다.
예) 그는 소가 밭을 갈 듯 일한다.

Everyday Habit

25 자기암시 명령을 활용하라!

성공하기 위해서는 성공의 원리를 남이 아닌 나에게 잘 적용시키는 것이 가장 중요하다. 그렇다면 혹 PMA(positive mental attitude)가 무엇인지 아는가?

"PMA(positive mental attitude)"는 긍정적 사고방식을 말하는 것이다. 그래서 사람이 긍정적 사고방식을 갖고 있으면 내가 생각하고 꿈꾸고 있는 것이 그대로 성취 된다는 것이다. 그럼 긍정적 사고방식(PMA)을 어떻게 나에게 적용시킬 수 있는가?

그 방법은 매일 자신의 확고한 꿈과 비전을 큰 소리로 외치는 것이다. 외칠 때마다 정신의 힘(에너지)이 발산된다는 사실이다.

다음의 내용처럼 긍정적인 사고방식을 외치면 되는 것이다.

자기의 좌우명을 적고 큰 소리로 읽는다.

"나는 부자가 되겠습니다."
"몇 년까지 반드시 백만장자가 되고야 말겠다."
"이 분야 최고의 리더가 되겠습니다."
"성공은 나와 함께 한다."

"나는 아프지 않다."

이처럼 소리를 크게 외치면, 매일 거듭하여 큰 소리로 읽으면 나의 사고는 나의 목표를 도와주는 습관이 형성하게 된다는 것이다. 이 성공의 원칙이 "자기암시"이다. 놀라운 사실은 "자기암시"를 통해 병에 걸리지 않도록 예방도 가능하고, 아픈 사람은 건강이 회복하게 된다. 또한 "자기암시"를 통해 형통하게 된다.

[큰 소리로 읽을 때] → 사고/무의식 → [습관화] → 정신의 힘을 끌어냄

TV를 켜기 위해서는, 텔레비전에 전원을 넣고 원하는 방송을 찾아 채널을 돌리는 법만 알면 원하는 것을 얻어 낼 수 있다. 마찬가지로 인간의 육체를 통제하고 다스리는 것은 두뇌와 신경계이다.

TV가 전파를 전달하기 위해서는 수많은 장치나 소재가 필요하듯이 인간의 정신도 의식과 무의식으로 이루어져 있다는 것이다. 이들 두 가지의 요소는 서로 보완적으로 작동한다.

무의식 정신 : **습관과 기억, 불변의 행위, 규범**

긍정적인 자기 확신을 매일 반복적으로 행하면 무의식적인 정

신에 영향을 끼친다는 것이다. 즉 자기에게 유익한 방향으로 인도한다. 또한 부정적이고 해가 되는 암시를 의식적으로 막을 수 있다.

〈행동 지침서〉 의식적인 자기암시의 힘을 활용하라.
 누구든 의식적인 자기암시를 활용해서 심지어는 어린 아이라도 긍정적인 사고방식을 계발할 수 있다는 것이다. 그 방법을 쉽게 깨닫게 될 것이다.
 또한 자기암시 방법은 혼수상태의 사람을 살리기도 하고, 불가능을 가능케 하는 힘을 지니고 있다는 놀라운 사실이다.

〈계발방법:〉 긍정적이고 창조적인 말을 스스로 계속하여 반복하라!
 "나는 조금씩 나아지고 있다!"
 "나는 할 수 있어. 괜찮아!"
 "하면 된다, 해보자, 기회다!"
 "좋은 성적으로 통과 될 거야!"

Everyday Habit
26 창조적인 사랑을 나누어라!

천사와 악마의 차이는 모습이 아니라 그가 하는 말이다.

순간순간, 우리가 내뱉는 말에는 향기가 있다. 그 향기는 말을 듣는 사람에게 흘러들어가 그에게 웃음을 주고, 기쁨을 준다. 반면 어떤 말은 그에게 상처를 주고, 아프게 하기도 한다. 그러므로 긍정적인 사람의 결과를 보면, 놀라운 창조적인 향기를 나눈다는 것이다.

창조적인 사랑의 향기 나누기

사랑함과 감사함을 지닌 사람만이 사람을 살리고 말, 치유하는 말, 사랑의 말, 칭찬의 말, 지지하는 말, 응원의 말, 감사의 말, 희망의 말 등 이처럼 위대한 힘을 갖고 있는 말만 할 수 있는 것이다.

긍정적인 사람은 생산적인 말과 함께 창조적인 향기가 난다. 내가 하는 말에는 향기가 있다. 그 향기는 사람들에게 흘러 들어가 웃음을 주고, 기쁨을 주고, 넘치는 힘을 준다. 결국 긍정적인 사고는 생산적인 말과 함께 창조적인 행동으로 나타난다.

〈창조적 향기 나누기〉

준비한 음료나 과일, 선물 등을 2-3명이 한 조가 되어 가장 소중하고 또 소외된 사람을 찾아가서 사랑의 향기를 나눈다. 즉시 실천해 본다.

주의해야 할 것은 인사와 함께 메모하여 전달한다. 아마도 상상하지 못했던 창조의 반응을 맛보게 될 것이다.

향기 나누기 흐름도

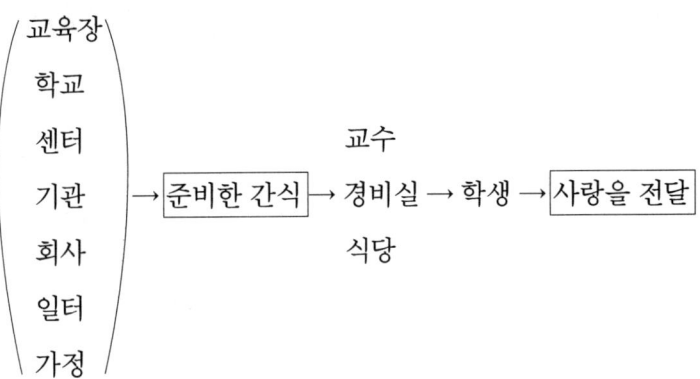

우리 이웃과 주변에 늘 소외당하고 고통당하는 사람들을 돌보고 관심 갖는 향기를 보여주는 사람들이 진짜 긍정의 사람들이다.

지금 나누자, 사랑의 향기를...

Everyday Habit

27 기초 언어개발 훈련하기

기초편: 받아쓰기, 말하기, 듣기, 글짓기

언어개발 훈련에서 가장 중요한 훈련은 쓰기, 말하기, 듣기 그리고 글짓기 일 것이다. 기초과정부터 고급 심화과정까지 매일 20분씩 스스로 훈련을 통해 부족한 언어 능력을 개발해야 한다.

또는 그룹에서는 1인 발표나 조를 구성하여 훈련을 거듭하면 향상된 언어 표현을 느낄 수 있을 것이다. 따라서 지금 훈련을 실시하라.

다음의 4가지 방법으로 훈련하라.

[받아쓰기]

[말하기 / 듣기] 1. 불쌍하다는 생각이 들었습니다.
[글짓기]

[말하기 / 듣기] 2. 고맙다는 듯이 나를 쳐다보더니
[글짓기]

[말하기 / 듣기] 3. 뛸 듯이 기뻤습니다.
[글짓기]

                4. 몸이 많이 약해졌구려.

5. 추위에 떨 것을 생각하니
6. 곧 쓰러질 것 같았지만
7. 녀석을 낳느라고
8. 씽긋 웃으며
9. 파도에 휩쓸려서
10. 굼실굼실
11. 가물가물
12. 동그랗게 뜨고 물었습니다.
13. 시무룩해졌습니다.
14. 쌩쌩 달렸습니다.
15. 엉거주춤
16. 마지못해
17. 그림자를 밟는 놀이입니다.
18. 돌을 쓰러뜨리는 놀이입니다.
19. 보글보글 끓고 있지요.
20. 휘게 하여
21. 껴안으며
22. 서로의 뺨을 가볍게 댑니다.
23. 길쭉한 잎을 가진 굴참나무는
24. 벽에 부딪히고
25. 꽃을 활짝 피웠습니다.
26. 혀를 날름거리고 있었습니다.
27. 잽싸게 덮쳤는데
28. 쭈욱 뻗어
29. 그립니다.
30. 땀을 뻘뻘 흘리며

[기초편] 느낌을 나누기

1. 토실토실
2. 꿀꿀꿀
3. 끄덕끄덕
4. 으쓱으쓱
5. 흔들흔들
6. 덩실덩실
7. 둥둥
8. 슬금슬금
9. 성큼성큼
10. 경중경중
11. 깡충깡충
12. 오물오물

13. 허둥허둥　　　14. 우적우적
15. 우물우물　　　16. 짹짹짹짹
17. 꽉꽉꽉꽉　　　18. 생글생글
19. 둥실둥실　　　20. 살래살래

Everyday Habit

28 작은 인연도 소중히 생각하라!

누가 더 많은 사람들과 성공의 관계를 맺느냐에 따라 성공이 좌우된다는 사실이다. 당신은 몇 명의 친구가 있는가? 당신은 몇 명의 리더들을 알고 있는가?

좋은 친구가 많은 사람이 성공하고 그것이 경쟁력이기도 하다. 그러므로 좋은 사람들과 좋은 관계를 유지하는 것은 곧 성공의 열쇠를 지닌 것과 다름없다.

소인(小人)은 연분을 만나도 연분인지 모르고
범인(凡人)은 연분인지 알지만 연분을 살리지 못하며
대인(大人)은 소매를 스치는 작은 인연도 살리느니

공자는 어떤 사람에게든지 그 사람 나름대로 각자가 가지고 있는 천분(天分)이 있다라고 하는 개인적인 인간의 존엄성을 가르치고 있다.

마음을 겸허하게 먹고 주변의 말에 귀를 기울여 보라. 소매를 스친 정도의 자그마한 인연도 소중히 여기라. 우리의 스승은 도처에 널려 있다.

성공을 위한 관계 맺기

* 어떻게 나의 VIP들에게 사랑을 전할까?

VIP 이름	관계 맺기 방법(언제, 어떻게)	점검

담당자:

- 휴먼 네트워크를 많이 맺는 사람이 성공할 수 있다.
- 인간관계가 좋은 사람은 많은 사람들과 관계를 갖는다.

위 사람들을 위해서 기도해 준다.
좋은 일과 슬픈 일이 있을 때, 함께 참여하여 힘이 되어 준다.
수시로 안부 연락을 하고, 종종 편지나 메일로 마음을 전한다.

Everyday Habit

29 뒷정리를 잘하는 습관화

우리는 쉽게 화장실이나 출입구에서 한 장의 카드가 붙어 있는 것을 볼 수 있다. 그 메모지에는 "벗은 신발은 반듯하게 정리해 둡시다."라는 글귀가 적혀져 있다.

마치 어린 꼬마들에게 타이르는 것 같은 표어이다. 그러나 어른이 된 지금도 구두를 벗어서는 아무렇게나 내팽개치는 것을 쉽게 볼 수 있다.

리더십에서 "뒷정리"는 무엇보다도 중요하다. 이것은 구체적인 행동습관의 하나이기 때문이다. 또한 그 사람의 인격의 결과이다.

- 구두 벗는 방법
- 사무실에서 뒷정리
- 화장실에서 뒷정리
- 식당에서의 뒷정리
- 계획 -> 실행 -> 검토의 흐름

뒷정리야말로 힘의 원동력이 된다. 이것은 미루는 습관을 이기는 힘이기도 하다.

흘러가는 강물은 어떤 장애물을 만날지라도 전혀 성급하게 거품을 일으키며 거세지지 않는다. 조용히 그 주변을 맴돌다가 자연스럽게 흘러가기 마련이다.

〈점검하기〉 나는 뒷정리를 잘 하고 있는가?
- 화장실에서 물을 잘 처리하고 있는가?
- 식당이나 집에서 신발을 잘 정리하는가?
- 내 방의 정리는 하고 있는가?
- 먹은 음식의 정리는 하는가?

Everyday Habit
30 e문화는 대화의 창구

다음은 21세기 강력한 〈경쟁력〉이다.

e문화를 다룰 수 있고 없고는 출세를 판가름 하는 엄청난 잣대가 된지 오래다.

지금 세상은 삶이 인터넷과 통신화 된지 오래다. 집에서 온라인 수업을 받고, 온라인으로 은행 업무를 처리하고, 쇼핑몰을 즐기며 살아가는 세상이다.

모든 생활 장비는 디지털화 되었고, 모든 업무는 전산화로 작동되며, 인터넷은 삶의 한 부분으로 되어 있는 세상이다. 그러므로 성공하기 원한다면, 21세기 세상에서 왕따 당하지 않으려면 다음과 좋은 친구가 되어주어야 한다.

> 포토샵, 파워포인트, 인터넷, 워드
> 디카, MP3, 컴퓨터, SNS
> 이메일, 카페, 쇼핑몰
> 인터넷 작업, 편집, 관리

e문화는 대화의 창구

e문화는 모든 대화의 창구가 되어 있다.

그러므로 대화의 도구인 e문화와 친숙하고 다룰 줄 알며, 활용할 수 있어야 한다.

디지털 장비를 다룰 수 있어야 한다.

스마트 폰을 소유하고 있으나 사진을 어떻게 찍는지를 모르는 한 사람을 보았다. 좋은 장비를 지녔으나 건전지조차 교체하는 것을 몰라 디지털 장비의 무능한 모습을 본 적이 있다.

온라인으로 연락하라!

이메일을 주고받을 수 있다! 이메일을 사용할 줄 몰라 힘들어하는 한 주부를 보았다. 메일이 없어 회원가입이 되지 않아 답답하다고 했다. 이메일은 컴퓨터만 있다면 가장 빨리 메시지를 전달할 수 있는 방법이다. 또한 카페, 카톡, 블로그 사용할 줄 안다.

- 인터넷 서비스에 가입한다.
- 이메일 사용법을 배운다.
- 첨부 파일을 주고받는 방법을 익힌다.
- 네티켓을 배운다.

Everyday Habit

31 발성훈련하기

목소리가 시원시원하고 울림이 좋으면 말하는 내용도 귀에 잘 들린다.

기본적으로 알아야 할 것이 있다. 우리의 외모나 성격 못지않게 음성이 매력에 많은 영향을 준다는 것이다. 그러므로 당신도 노력하면 매력적인 목소리를 가질 수 있다.

기본 발성연습은 발음을 정확하면서 조음기관(구개, 치아, 혀, 입술, 턱)을 단련시키는 데 그 목적이 있다. 그리고 안면근육을 부드럽게 하기 위해서 굳어진 입을 풀어주어야 한다.

(1) 아래턱을 내릴 수 있는 데까지 내리고 입은 가능한 크게 벌린다.
(2) "아, 에, 이, 오, 우"를 최대한 입을 크게 벌려서 발음한다.
(3) 위의 발음을 숨을 들이마신 후 한꺼번에 내뱉으면 뚝뚝 끊어 크고 굵게 내뱉는다.
(4) 호흡을 잘 가다듬어 자연스런 발음이 되도록 하며, 입 끝에서만 소리를 내는 것이 아니라 복식호흡을 염두에 두고 깊은 데서부터 소리를 낸다. 목에 힘을 주지 않고 자연스럽게 한다.

(5) 혀끝을 의식하면서 자유로이 움직일 수 있게 한다.
(6) 소리를 삼키는 일 없이 될 수 있는 대로 내뱉도록 하며, 항상 발음을 정확하게 한다.
(7) 위의 요령에 따라 다음과 같은 발음을 한다.

발성 훈련을 할 때, "스타카토" 발성법으로 한다.
이 방법은 "음을 끊어주는 느낌으로"하는 발성법이다.

> 아 - 에 - 이 - 오 - 우
> 로 - 우 - 얄,   우이 - 야
> 싸 - 리 - 톨,   야 - 호
> 쥬 - 피 - 탈,   아 - 큐 - 향
> 오 - 패 - 냥,   마 - 악 - 파
> 올레 - 로 - 사, 푸렌 - 마 - 네푸

모음 자음 훈련법
큰 소리로 차례대로 발음을 해 본다.

> 아-에-이-오-우 / 우-오-이-에-아
> 아-야, 어-여, 오-유, 우-유, 으-이

```
가-나-다-라-마-바-사-아-자-차-카-타-파-하
거-너-더-러-머-버-서-어-저-처-커-터-퍼-허
그-느-드-르-므-브-스-이-즈-츠-크-트-프-흐
강-낭-당-랑-망-방-상-앙-장-창-캉-탕-팡-항
각-낙-닥-락-막-박-삭-악-작-착-칵-탁-팍-학
```

발성 향상을 위한 호흡 활용

(1) 뛰면서 노래 부르기

호흡을 더 익히기 위해 "뛰면서 노래 부르기"를 한다. 이 훈련에서 부를 노래는 부르기가 쉽고 박자에 맞춰 손뼉 치며 부르기가 좋아야 한다. 결과적으로 호흡 소리를 낼 수 있는 사람은 목소리로 다양한 표현을 할 수 있다.

(2) 아파트

"별빛이 흐르는 다리를 건너 바람 부는 갈대숲을 지나
 언제나 나를 언제나 나를 기다리던 너의 아파트
 그리움에 전화를 하면 아름다운 너의 목소리
 언제나 내게 언제나 내게 속삭이던 너의 목소리

흘러가는 강물처럼 흘러가는 구름처럼
머물지 못해 떠나가 버린 너를 못 잊어
오늘도 바보처럼 미련 때문에 다시 또 찾아 왔지만
아무도 없는 아무도 없는 쓸쓸한 너의 아파트"

발음 연습하기

분명한 발음을 하기 위해서는 먼저 조음기관인 혀와 아래턱의 움직임이 부드러워야 한다. 따라서 혀와 턱 운동을 해야 한다. 입을 다물고 턱을 전후, 좌우로 움직인다.

- 호흡을 충분히 할 것
- 목에 힘을 주지 말 것
- 입술과 혀와 턱을 빨리 움직일 것

다음은 짧은 문장으로 발음 연습을 한다. 성대를 가능한 한 많이 열고 호흡기를 이용하여 큰 소리로 읽되, 문장 하나를 한 호흡으로 끝까지 읽는다. 발음이 잘 안 되는 것은 반복해서 읽어 본다.

어려운 말 훈련법

발음연습 예문

저기 저 뜀틀이 뛸 뜀틀인가 내가 안 뛸 뜀틀인가.

강장공장 공장장은 강공장장이고,
된장공장 공장장은 장공장장이다.

저기 있는 말말뚝이 말 맬 만한 말말뚝이냐
말 못 맬 만한 말말뚝이냐.

저기 있는 저분은 박 법학박사이고,
저기 있는 이 분은 백 법학박사이다.

중앙청 창살 쌍찰살, 시청 창살 외창살

내가 그린 그림은 뭉게구름 그린 그림이고, 네가 그린 그림은 새털구름 그린 그림이다.

가-각, 나-낙, 다-닥, 라-락, 마-막, 바-박, 사-삭, 아-악,
자-작, 차-착, 카-칵, 타-탁, 파-팍, 하-학

정확한 음가를 내기 위한 훈련

가게기고구, 나네니노누, 다데디도두,
라레리로루, 마메미모무, 바베비보부,
사세시소수, 아에이오우, 자제지조주,
차체치초추, 카케키코쿠, 타테티토투,
파페피포푸, 하헤히호후

가네디로무, 나네리모부, 다레리보수,
라메비소우, 마베시오주, 바세이조추,
사에지초쿠, 아제치코투, 자체키토푸,
차케티포후,

가 구 거 고 그 기 게 개 갸 교 겨 규
나 누 너 노 느 니 네 내 냐 뇨 녀 뉴
다 두 더 도 드 디 데 대 냐 됴 뎌 듀
라 루 러 로 르 리 레 래 랴 료 려 류
마 무 머 모 므 미 메 매 먀 묘 며 뮤
~
하 후 허 호 흐 히 헤 해 햐 효 혀 휴

그 동안의 습관을 버리고 음성적 요인 훈련을 꾸준한 연습이 필요하다. 주변에서 놀림을 받더라도 아나운서처럼 말하라.

- 안 되는 발음은 적어놓고 연습한다.
  차 안에서, 화장실에서, 자투리시간을 활용한다.
- 녹음기를 활용한다. 자주 녹음하여 모니터한다.
- 동력과 독력을 키운다.
  동력은 일정한 힘과 속도로 읽을 수 있는 능력이며,
  독력은 글을 이해하는 능력이다.

〈행동 지침서〉

1. 표현능력 키우기
- 하루 일과를 마치고 집에 돌아왔을 때 가장 먼저 만나는 가족에게 5분 정도 그날의 일을 이야기해보자.
- 여행이나 출장의 이야기를 해 본다.
- 최근의 사건이나 이슈를 설명한다.
- 영화 이야기를 설명해 준다.
- 신문을 준비하여 소리 내어 읽는다.

2. 단문 훈련법
다음의 예문을 감정을 넣어 읽어본다.

〈훈련〉 쓰기

〈훈련〉 읽기

[Everyday Habit]
32 음성훈련하기

 연설의 도구인 자신의 음성을 가꾸는데 게을리 해서는 안 된다. 책이나 신문을 읽을 때 소리를 내어 읽는 것이 좋다.
 이 훈련을 통해서 자신의 음성을 정확히 알게 하고 고저강약의 연습을 통해 감동적인 연설을 위한 필수조건을 갖출 수 있다. 그러므로 꾸준한 발성훈련을 하기 바란다.

〈음성 훈련 8단계 발성법〉

음성의 높이
도10   레20   미30   파40   솔50   라60   시70   도80
    저음   중간음   중고음   고음

-----------〉 개인간의 대화
-------------------------〉 좌담이나 발표
---------------------------------------〉 연설이나 강의

 연설자는 이 음성의 높낮이를 적절하게 혼합하여 사용할 수 있어야 한다.

나쁜 것은 저음만 쭉 사용하거나 고음만 쭉 사용하는 것은 듣는 청중을 힘들게 한다.

발성 훈련하기

음성은 훈련을 통해서 관리되는 것이다. 따라서 다음의 내용을 새벽 예배 때, 또는 훈련 교실에서 발성 연습을 하는 것이 가장 좋다. 낮은 음에서 높은 음까지 세 번씩 반복하여 연습한다. 그리고 다시 높은 음에서 낮음 음으로 발성을 훈련한다.

점층 변화법

도10   하자!, 3번 외쳐라.
        나는 할 수 있다. 3번 외쳐라!
레20   하자!, 3번 외쳐라.
미30   하자!, 3번 외쳐라.
파40   하자!, 3번 외쳐라.
솔50   하자!, 3번 외쳐라.
라60   하자!, 3번 외쳐라.
시70   하자!, 3번 외쳐라.
도80   하자!, 3번 외쳐라.

1단계 나는 할 수 있다.

2단계 나는 할 수 있다.
3단계 나는 할 수 있다.
4단계 나는 할 수 있다.
5단계 나는 할 수 있다.
6단계 나는 할 수 있다.
7단계 나는 할 수 있다.
8단계 나는 할 수 있다.

- 저음

　스피치에 강하면 성공한다.
　말을 1% 바꿔도 성공한다.

- 중간음

　스피치에 강하면 성공한다.
　말을 1% 바꿔도 성공한다.

- 중고음

　스피치에 강하면 성공한다.
　말을 1% 바꿔도 성공한다.

- 고음

스피치에 강하면 성공한다.
말을 1% 바꿔도 성공한다.

빠르기 훈련하기

자동차가 시속 백 마일까지 속력을 낼 수 있다고 계속 백 마일로 달리는 것은 어리석은 짓이다. "노중에 길을 벗어나지 말라."

우리 자신의 능력을 로켓 쏘듯이 너무 위로 띄어놓으면 나중에 떨어질 때는 곤두박질하여 떨어지게 되므로 그렇게 하지 않도록 조심하라는 말이다.

사역은 단거리 경주가 아니라 장거리 경주이다. 속도 조절을 잘하여 완주하라.

휴지기법

스피치에 강하면 성공한다.(2초)

3단계 점층 강조 반복훈련하기(음성높이+박력)

1단계 음성높이 30 + (명령 선포형)
2단계 음성높이 40
3단계 음성높이 50
예)
30 노력해야 합니다.

40 힘써야 합니다.
50 애써야 합니다.

30   40   50   60

Everyday Habit
33 스스로 서약서 작성하기

본 서약서는 목표를 반드시 이루겠다는 자신과의 약속을 글로 적어보도록 구성되어 있다. 서약서에 제시된 각 항목들을 상세하게 채워나감으로써 바로 이러한 상상이 가능하게 된다.

각 항목을 구체적으로 적을수록 그 목표가 이루어질 수 있는 가능성이 더욱 커진다는 사실이다.

서약서 작성하기

작성날짜		목표날짜	
구체적인 목표			
목표달성 이익			
방해물/ 문제 극복전략			
순번	단계별 실행계획		그림상징

측정방법 및 기록	
일일 행동지침	
자기보상	
pep talk(구호)	

이름		성명	
목표를 공약하고 도와줄 사람 이름		서명	
남기고 싶은 말			

Everyday Habit

34 성공 인성 리더십 프로젝트를 마치고...

You can do it!

당신은 할 수 있다!!

전 보았다! 당신의 무한한 가능성을, 잠재적인 능력을...

나는 여러분과의 만남을 20--년도 가장 큰 축복으로 알고 지금도 기도한다.

앞으로도 여러분 모두 다 소망하시는 일들이 성취되어지는 해가 되시길 간절히 축복한다.

이름	과정을 마치고 소감 내용 적기(간증)

Everyday Habit

35 성공하려면, 사람들을 만나고 그들과 지속적으로 관계하라

성공적인 인맥 네트워크를 형성하라

언제나 변함이 없는 연구 조사의 결과가 있다.

성공의 85%는 인간관계에 달려있다는 것이다. 그러므로 성공을 거두기 위해서는 반드시 사람들과 인간관계를 맺고 유지하는 일에 많은 시간과 공을 들여야 한다. 가능한 최우선 요소로 삼아야 할 것이다. 그리고 가능한 한 많은 사람들과 좋은 관계를 맺고 유지하라. 유익한 인적 네트워크는 성공의 지름길이자 탄탄한 관계를 보장해 준다.

만약 학위와 인간관계 중 한 가지를 선택해야 한다면 당신은 무엇을 선택할 것인가? 학위는 성공을 보장하지 못하지만, 좋은 인간관계는 100% 성공을 확실히 보장할 수 있다. 그러므로 성공적으로 인맥 네트워크를 형성하라.

일반인은 대략 평생 동안 250명의 사람과 친분을 맺고 있다고 한다. 사람을 만난 다음 지속적으로 연락하지 않는다면 무슨 소용이 있겠는가? 인간관계를 맺고 유지할 때 가장 중요한 요소는 지속적으로 연락하는 일이다.

그렇다면 어떻게 계속 연락할 수 있을까? 매우 간단하다. 아래의 도구들을 활용하여 연락을 지속적으로 할 수 있다. 사람들과 지속적으로 연락하려면 노력과 일관성이 필요하다.

편지, 문자, 전화, 메일, 엽서, 책자, 선물, 팩스, 점심, 소식지, 카페, 블로그, 페이스북 등등

〈행동 지침서〉

다음의 말을 아래에 5번 적어 기록하고 암기해 두어라.
"가능한 한 많은 사람들과 관계를 맺고 지속적으로 유지하라"

(1) _____
(2) _____
(3) _____
(4) _____
(5) _____

아래의 행동을 매일 행함으로 좋은 관계를 유지할 수 있다.

1) 친분이 있지만 한 동안 연락하지 못한 사람들을 적는다. 일일 3-5명을 적는다.
2) 그들의 주소, 전화번호, 전자 우편주소를 반드시 확인한다.
3) 매일 3-5명에게 편지, 전화, 전자우편, 문자 등으로 연락한다.

연락 목록 리스트

번호	이 름	연락정보	결 과
1			
2			
3			
4			
5			

사람들과 인간관계를 형성하기 위해 적극적으로 노력해야 한다. 먼저 인사를 하고 사람에게 성의를 다 한다. 사람은 누구나 수용, 격려, 존중, 인정, 칭찬, 사랑을 받고 싶은 정상적인 욕구가 있다. 먼저 상대를 칭찬하면 상대는 자부심을 느끼고 그야말로 좋은 인간관계를 가질 수 있다.

다음의 행동 5단계를 통해서, 그대로 실천하면 인생을 바꿀 수 있다. 아래의 5단계를 당신의 삶에 적용해 보아라.

1) 먼저 인사를 하고, 상대의 이름을 부른다.
   인사를 하고 먼저 상대의 이름을 불러 준다.
   사람들은 누군가 자신의 이름을 불러주면 좋아한다.

2) 당신과 이야기를 나누면 너무 즐겁다.
   상대가 자부심을 느끼도록 만들어라.
   두 사람 사이에 신뢰감을 형성하라.

3) 우리 두 사람에게는 공통점이 많은 것 같다.
   공통점이 같은 사람과 함께하고 싶어 한다.

4) 새 친구를 만나서 기쁘다.
   좋은 분을 알게 되어 기쁘다.

5) 연락처를 주고받고 계속 연락하면 어떨까?
　　상대와 계속 연락하고 싶은 정보를 기록해 둔다.

다음은 위 대본을 참고하여 대화를 만들어 보라.
어떤 상황이든 좋은 인간관계를 맺는 좋은 기술이 될 것이다. 꼭 기억할 것은 대화를 끝내기 전까지 지속적으로 연락할 정보를 얻어내야 한다. 둘씩 짝을 만들어 아래의 상황을 실전처럼 행동과 함께 묘사해 본다.

상황 1) 실례합니다.
　　　　이 자리 비었나요?

상황 2) 실례합니다.
　　　　당신 차가 정말 멋지다고 말씀드리고 싶네요.

상황 3) 정말 친절한 분이군요.
　　　　꼭 그러실 필요는 없는데, 정말 감사합니다.

상황 4) 홍길동 과장님, 매우 인상적이었어요.
　　　　당신이 이 일을 얼마나 소중하게 여기는지 알겠더군요.

상황 5) 점심에 초대할 경우

    안녕하세요. 사장님!
    오랫동안 연락을 드리지 못했습니다.
    내일 함께 점심 식사할 수 있는 궁금합니다.
    제가 대접할게요.

〈나눔과 적용〉

내가 알고 있는 사람을 보다 중요하게 만드는 나만의 인맥활용법을 나누어 봅시다.

사람을 많이 아는 것도 중요하지만 사람들과 좋은 관계를 통해 자신의 사업과 성공 기회의 가치가 증가한 사례를 말해 봅시다.

Everyday Habit
36 나의 대화 발표 말 능력 진단 테스트

주위에서 칭찬받는 아이는 어떤 아이들일까?

또 핀잔 듣는 아이는 어떤 아이일까? 여러분은 어디에 해당되는가?

대화나 발표 그리고 말을 잘 하는 리더가 되기 위해서는 먼저 내게 부족한 것이 무엇인지를 정확히 파악하는 것이 중요하다. 과연 나의 대화능력은 얼마나 되는지, 문제는 무엇인지?

결과 ① 자주 그렇다. ② 보통이다. ③ 그렇지 않다.

번호	내용	점검
1	친구와 자주 다투고 학교에서 있었던 일을 말하기가 싫어요.	① ② ③
2	나의 고민을 친구나 선생님 그리고 부모님에게 이야기하는 걸 별로 좋아하지 않아요.	① ② ③
3	세상은 대화보다 힘과 돈으로 움직이는 거라 생각해요.	① ② ③
4	교실 앞에 나가면 떨려서 말이 잘 안 나와요.	① ② ③
5	상대방의 얼굴을 똑바로 쳐다보고 이야기할 수가 없어요.	① ② ③
6	선생님 이야기를 집중해서 오래 듣지 못해요.	① ② ③

7	친구들과 대화 속에서 "왕따"가 되었다고 느껴 본 적이 있어요.	① ② ③
8	학기 초 자기소개 시간이 정말 싫어요.	① ② ③
9	많은 사람들 앞에서 발표는 절대 못할 것 같아요.	① ② ③
10	내가 바라는 것이 있어도 대화를 통해 얻기 힘들어요.	① ② ③

대화, 토론, 발표를 잘 하는 멋진 리더가 될래.

점수 결과	몇 개	내 용	수준은?
①	3-4 개이상		- 대화 친구가 필요해요. - 대화의 자신감이 필요해요. - 많은 연습을 해야 해요.
②	5개 이상		- 말하는 방법을 배워야 해요. - 말하기 전에 준비가 필요 하네요.
③	6개 이상		- 말을 잘하는 리더십으로 친구를 도와요. - 말을 잘하는 리더십으로 꿈을 이룰 수 있어요.

말은 늘 내 곁에 존재하는 가장 친한 친구

 말과 친해지면 훌륭한 리더가 될 수 있다. 아침에 눈을 뜨면 부모님과 대화로 시작하자. 학교에 가면 반가운 친구들을 만나 즐겁고 신나는 대화를 나누라. 집에 돌아와서도 학교에서의 일들을 나누며 시간을 보낸다. 이처럼 대화는 항상 함께 하는 내 친구이다.
　사람들 사이에 늘 말싸움이 생기는데, 그것을 조사하였더니 그 이유의 90%가 대화방식의 차이에서 생겼다고 한다.

"I am different"

포스베리 플럽(Fosbury Flop) - 높이뛰기

different,

wrong,

style.

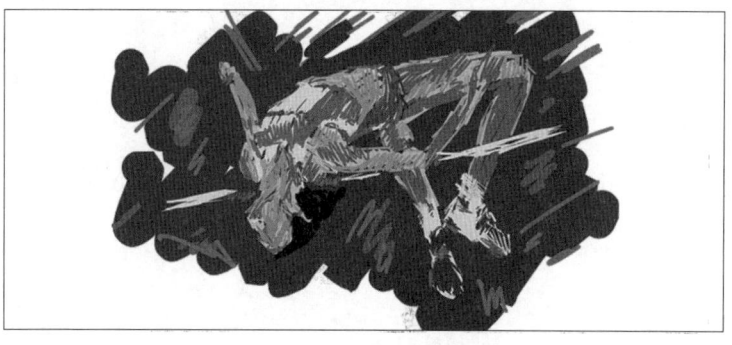

I am different(강점, 장점, 다른 점, 특기)

1. _____
2. _____
3. _____
4. _____
5. _____

〈개인 브랜드 전략〉

	브랜드 컨셉트		
	설정 단계(1)	정교화 단계(2)	확장 단계(3)
능력자산(특기)			
지식자산(전문가)			
감성자산(인간미)			
고객자산(인맥)			

생각의 힘을 키워라

인생은 우리가 하루 종일 생각하는 것으로 이루어져 있다.
- 랠프 왈도 에머슨

부자의 생각, 가능의 생각, 할 수 있다는 생각, 치유의 생각을 가져야 한다. 생각 그대로 되기 때문이다. 아래에 "CAN", "YES"의 생각을 적어보자.

호텔 왕 콘래드 힐튼의 성공 비결

호텔 왕 콘래드 힐튼(Hilton)은 "노력이나 재능보다 훨씬 중요한 것은 성공을 꿈꾸는 능력이다"라고 말했다.

이 사람은 누구인가?
(   )

호텔 왕 콘래드 힐튼이 남긴 성공적 삶을 사는 10가지

1. 당신만의 특별한 재능을 찾아내라.
2. 크게 생각하고 크게 행동하고 큰 꿈을 꾸어라.
3. 언제 어느 순간에도 정직해라.
4. 열정을 가지고 살아가라.
5. 당신의 재산이 당신의 주인이 되게 하지 말라.
6. 문제를 해결할 때 서두르지 말고, 인내를 가지고 대하라.
7. 과거에 집착하지 말라.
8. 언제나 상대방을 존중하고 업신여기지 말라.
9. 당신이 살고 있는 세계에 자신이 할 수 있는 모든 책임을 다하라.
10. 매일 일관되게 열심히 기도하라.

힐튼의 꿈 그리기

호텔 왕 힐튼이 날마다 자신이 꿈을 이룬 그림을 붙여놓은 사진을 선명하고 구체적으로 그림으로 그려보자. 그렇게 그린 그림은 잘 보이는 곳에 붙여 놓고 바라본다.

나의 꿈이 무엇이냐?
• 단기 목표 :   • 장기 목표 :   • 나의 꿈(비전) :

긍정적인 태도의 힘

"천재는 99%의 노력과 1%의 영감으로 이루어진다."
- 에디슨

우리도 부단히 노력하며 날개 짓을 하면 불가능도 가능하게 된다.

긍정적인 태도가 주는 유익

1. 열정이 증가된다.
2. 두려움이 주는 한계로부터 자유로워진다.
3. 창의성이 높아진다.
4. 앞장서 나가는 즐거움을 맛본다.
5. 더 많은 잠재력을 알아간다.
6. 긍정적인 친구들과 동료들이 많아진다.
7. 시간과 에너지의 효율적인 사용이 가능해진다.

글로 쓴 목표

어떤 분야에서건 성공한 사람들은 목표 수립자이다.
그들은 소망과 짝지어진 계획을 가지고 있다.

- 래리 버킷

나의 꿈에 얼마나 접근해 있는 걸까?
막연하게 꿈꾸고, 생각하고 있다면 구체적인 마라톤 42.195킬로미터로 측정해 보자. 그래서 인생을 흔히 마라톤에 비유한다.

나의 인생 마라톤 42.195킬로미터

- 10km :

- 20km :

- 30km :

- 40km :

- 42km :

꿈을 이루기 위한 3가지 집중하기

1) 반드시 이루겠다고 마음을 먹으면 반드시 이루어진다.
2) 시간을 집약하고 시간을 최대한 줄인다.
3) 강한 집중력이 필요하다.

족쇄에 묶인 코끼리의 모습 그리기

서커스단에 다 큰 코끼리가 뒷다리에 2미터밖에 안 되는 족쇄를 찬 채 꼼짝도 못하고 있다. 조그만 말뚝에 박혀 있다.

이 코끼리가 마음만 먹으면 얼마든지 말뚝을 빼낼 수 있고 족쇄도 끊어 버릴 수가 있다. 그런데 그대로 족쇄에 묶여 있다.

아래에 족쇄에 묶인 코끼리의 모습을 실감나게 그려보라.

〈이기는 나의 습관화〉

성공을 부르는 나의 좋은 습관 20가지 적기

번 호	좋은 습관	번 호	좋은 습관
1		11	
2		12	
3		13	
4		14	
5		15	
6		16	
7		17	
8		18	
9		19	
10		20